● 北京服装学院课程思政教育教学改革优秀成果 ●

非艺术类专业课程思政教学设计

FEI YISHULEI ZHUANYE KECHENG SIZHENG JIAOXUE SHEJI

詹炳宏　赵洪珊◎主编

中国纺织出版社有限公司

内　容　提　要

高校开设的课程具有传授知识、培养能力及进行思想政治教育等多重功能。教师应充分发挥课程的德育功能，提炼专业课程中蕴含的文化基因和价值要素，让学生在学习知识的过程中得到精神指引。本书为北京服装学院汇集本校工科类、商科类等专业课程思政教学优秀案例而成，案例包括课程基本情况、课程简介、课程任务和教学目标、课程基本内容及代表性章节的课程思政教学设计，力求实现价值性和知识性的统一，使课程专业知识与思政元素深度融合，具有较强的应用性、创新性、示范性和推广性。本书适合高校教师阅读。

图书在版编目（CIP）数据

非艺术类专业课程思政教学设计 / 詹炳宏，赵洪珊主编．-- 北京：中国纺织出版社有限公司，2024. 7.
ISBN 978-7-5229-1986-7

Ⅰ. G641

中国国家版本馆 CIP 数据核字第 2024MG7263 号

责任编辑：于　泽　　　责任校对：江思飞　　　责任印制：储志伟

中国纺织出版社有限公司出版发行
地址：北京市朝阳区百子湾东里A407号楼　邮政编码：100124
销售电话：010—67004422　传真：010—87155801
http://www.c-textilep.com
中国纺织出版社天猫旗舰店
官方微博 http://weibo.com/2119887771
天津千鹤文化传播有限公司印刷　各地新华书店经销
2024年7月第1版第1次印刷
开本：710×1000　1/16　印张：14
字数：215千字　定价：99.00元

前 言

全面推进高校课程思政建设，是落实习近平总书记关于教育重要论述、落实立德树人根本任务的战略举措。为进一步落实《北京高等教育本科人才培养质量提升行动计划（2022—2024年）》（京教高〔2021〕8号）、《北京服装学院本科人才培养质量提升行动计划（2022—2024年）》和《北京服装学院课程思政建设与改革工作实施意见》，完善铸魂育人体系，北京服装学院坚持以习近平新时代中国特色社会主义思想为指导，坚守“为党育人、为国育才”初心使命，坚持社会主义办学方向，全面贯彻党的教育方针，聚焦立德树人根本任务，扎实推进习近平新时代中国特色社会主义思想进课堂、进教材、进头脑，大力促进思政教育与专业教育相融合，围绕国家发展战略，面向纺织服装、时尚和文化创意产业，服务北京“四个中心”建设，坚持“以艺为主、服装引领、艺工融合”，艺、工、经、管、文多学科协调发展，建设中国特色、世界一流时尚高校。

自建校以来，在建设中国特色世界一流时尚高校、契合新时代首都发展要求的高水平特色型大学的新阶段，北京服装学院始终秉承产业报国情怀，始终关注国家需要和人民需求，紧密联系行业，坚持为人民而设计，以“党旗红”引领“时尚红”，把红色底蕴深深扎根在办学实践中，构建了“共研共创 同向同行”北服特色课程思政教学体系。积极营造“探究、合作、分享、创新”的教研文化，建立“优化模式、分类施策、拓展途径”的工作体系，将“知识+思政元素”提升至价值观层面，深度挖掘特色思政元素，课程思政建设突出地区特色、学校特色及专业特色。

学校坚持多措并举，全面深入落实课程思政高质量建设工作。推进旨在实现“三全育人”的课程思政工作方案，深化北京服装学院特色“大思政课”综合改革，组织开展课程思政教学能力与水平提升系统性培训，建立思想政治理论课教学部教研室与各教学单位教研室联动机制，打造基于服务党和国家需要、服务地方发展的重大项目任务的课程思政实践教学平台，组织召开学校课程思政建设工作专题研讨会和教师课程思政建设工作座谈会，规范课程思政教学大纲，组织开展优秀课程思政教学设计评选，开展“每日一推”课程思政示范课程、优秀课程思政教学设计系列推广活动。在实践中逐步探索明确课程思政建设发展目标、实现路径和具体举措，并一一落实。最终形成“院院有精品、门门有思政、课课有特色、人人重育人”的良好局面，为探索形成面向未来、独树一帜的时尚高等教育高质量发展铸魂强基。

学校自 2017 年启动课程思政建设工作以来，即明确了课程思政建设工作的基本原则：一是坚持试点先行、循序推进原则；二是坚持重点突破、点面结合原则；三是坚持名师引领、带动全员原则。按照上述原则，学校开展了一系列课程思政建设推进工作。通过由点及线到面有序推进课程思政在全课程中的应用。

2017 年 10 月，《北京服装学院特色课程思政工作的研究与实践》课题入选 2018 年北京高校思想政治工作难点攻关计划项目，学校遴选了多位课程思政意识强，在知识传授中注重价值引领，将思想政治教育融入课程教学全过程的知名教授与中青年骨干教师，组成课程思政教学团队，开展了课程思政示范课程建设工作，培育形成学校首批课程思政示范课程。同时完成课程思政教学大纲、教案等相关教学文件梳理。2019 年，学校开展课程思政试点课程建设项目，2020 年试点课程建设成果全部通过结题验收并在全校进行推广，2021 年，学校持续开展课程思政教育教学改革专题项目及思政课程暨课程思政“最美课堂”评选，以及课程思政建设优秀案例征集工作，同年组织开展北京高校课程思政示范课程、教学名师和团队建设和评选。2023 年，学校培育形成 4 门北京高校课程思政示范课程，4 个北京高校课程思政教学团队和多名北京市课程思政教学名师，建设了课程思政优秀教学设计案例库。此外，学校多措并举，一是组织开展多种形式的课程思政专题培训，提升广大教师课程思政教学能力；二是组织广大教师撰写课程思政教学案例，遴选优秀案例汇入《北京高校课程思政建设优秀案例集》；三是研制《北京服装学院课程思政建设评价办法（讨论稿）》，让每位教师每门课程的课程思政建设工作的推进有据可依，同时发挥优秀成果的示范效应带动学校课程思政建设整体水平和育人效果大幅提升；四是建章立制，充分调动教师的积极性，把课程思政教学效果作为教师评聘考核的重要参考内容，对在课程思政建设方面取得积极成果的教师予以表彰奖励，对课程思政方面的教学改革予以重点支持。学校课程思政建设工作经验总结在北京高校中广泛推广。

自 2021 年起，学校连续三年开展课程思政教育教学改革专题项目建设工作，共批准立项 153 项。本书为学校 2021 年第一批课程思政教育教学改革专题项目结题验收成果之一，也是 2021 年北京高等教育“本科教学改革创新项目”重点项目——《“共研共创 同向同行”北服特色课程思政教学体系构建与实践》的阶段性成果。

本书涵盖 24 门课程，每门课程从课程基本情况、课程简介、课程教学目标、课程基本内容及要求和课程思政教学设计等方面进行阐述。在课程教学目标中既写明了教学目标，也写明了思政教育目标；课程基本内容及要求采用表格形式，阐明课程蕴含的思政元素，列举出每一章节的课程思政教学知识点；每门课程都撰写了一个代表性章节的完整教学设计，包括所处课程阶段、主要内容、课程思政教学改革的创新点、蕴含的思政元素分析、课程思政教学效果评价等，从知识传授、能力培养、价值塑造三个方面阐述教学目标，阐明课程思政教学的总体理念和思路，结合课程内容有机融入思想政治教育的总体教学设计，结合教学实践做出教学反思，并结合课程思政教学整体设计，详细写明教学内容、教学方法、教学过程，以及课程思政内容如何在教学中落实；同时对教学效果进行简要分析，总结存在的实际困难与问题，提出改进思路等。方便相关课程的教师对照交流学习。

本书是对过去成果与经验的总结、分享，通过与广大教师、专家互相交流学习，以期对未来工作提出更高要求，进一步强化课程思政建设的良好氛围。课程思政建设工作任重道远，敬请各位教师、专家批评指正，多提宝贵意见和建议。

詹炳宏　赵洪珊

2024 年 1 月

目　录

"服装智能制造"创新精神课程思政建设 ………………………………… 001
"设计材料与工艺"课程的多维度课程思政教学研究与实践 ……………… 011
基于艺工融合的"织物设计 CAD"课程思政教学设计 ………………… 018
爱上中国造，思政情怀教育探索——纺织非遗传承在"纺织品染色"课程思政中的实践……………………………………………………………… 026
"高分子物理"课程思政的教学体系建设 ………………………………… 038
"高分子化学"课程绪论章节的思政教学设计 ………………………… 047
"高分子化学及物理"课程思政教学的探索与实践 …………………… 055
纤维科学与艺术设计中的课程思政教育………………………………… 060
新工科背景下"化工原理"课程思政教学改革与实践………………… 068
纺织类高分子专业"聚合反应原理及工艺"课程思政探索与实践……… 078
"染料化学"课程思政教学设计 ………………………………………… 087
无思政，不教育——"有机化学"课程思政教学改革探索……………… 101
"计量经济学"课程思政教学设计 ……………………………………… 109
开放经济条件下的宏观政策效果………………………………………… 118
国潮品牌助力李宁快速提升盈利质量案例分析 ………………………… 125
自主探究　内化能力……………………………………………………… 134
"国际企业管理"课程思政改革研究 …………………………………… 142
将思政教育融入"公共关系学"课堂教学……………………………… 149
"网络信息安全"课程思政教学设计 …………………………………… 159

课程思政融入大学英语读写课的教学设计——以《新视野大学英语读写教程 1》第一单元为例 …………………………………………… 169
启智明理，立德树人——“全微分及其应用”课程思政教学设计……… 177
简谐运动方程思政教学方案…………………………………………………… 194
“计算机应用基础”课程思政教学设计案例 ……………………………… 202
课程思政在体育拓展训练教学中的实施与探索…………………………… 209

“服装智能制造”创新精神课程思政建设

完成人：肖伯祥　审核人：郭瑞良

一、课程基本情况

课程名称：服装智能制造

授课对象：服装设计与工程专业大学四年级学生

课程性质：专业课

二、课程简介

本课程将主要围绕服装类产品的智能制造的背景、最新进展、关键技术、装备系统等环节的内容设置，并结合服装智能制造案例分析和企业实践进行教学。课程教学中以葛英飞主编的《智能制造技术基础》为教材，参考书目包括中国电子技术标准化研究院主编的《智能制造大规模个性化定制案例集》和王东云、欧阳玲、王永林著的《计算机服装智能制造系统中的智能计算与应用》。首先，学习了解智能制造的国内外环境和背景，以及国内外智能制造领域的进展，结合服装产品的特征，学习服装智能制造的概念、理论内涵和主要技术范围，设置智能制造概述、智能体型分析技术、智能设计与智能 CAD、智能制造系统与工业软件、智能传感与智能物联、智能制造装备技术、人工智能技术应用展望等章节的内容；其次，结合智能人体测量、智能辅助设计、计算机集成智能制造、企业智能化管理等环节的主题，学习相关的理论知识、技术方法和软硬件系统工具；最后，结合北京服装学院服装艺术与工程学院实验室设备和项目开展技术实践，利用所掌握的信息化智能化技术和知识，完成对人体和服装数据的采集和分析，并实践对应的服装智能设计和制板。通过企业技术专家的现场讲解和去企业实地考察，了解服装智能制造的生产实践。通过本课程的学习，学生将所学服装知识与信息技术相结合，对服装智能制造有全面准确的认识，为后期顺利进行专业工作打下基础。

三、课程和教学目标

（一）思政目标

通过搜集整理服装智能制造领域的创新精神相关内容资源，利用思维导图方式构建服装智能制造创新精神课程思政教学体系，融合创新精神教育的课程思政教学资源，包括教学目标、教案、电子资源、讲义、实验设计方案等，形成服装设计与工程中的课程思政教育教学方法的创新模式。结合课程的教学内容和知识点，梳理课程思政资源元素，实现课程思政融入，创新课程思政元素融入模式。

（二）教学目标

依托“服装智能制造”课程教学需要，以理论讲授和实践操作结合的方式，讲述数据、数据可视化、数据分析，以及支撑智能制造大数据的人工智能的理论、方法、工具和解决方案，培养学生对服装行业互联网、大数据人工智能等新一代信息技术的认知和理解能力，培养学生新产品新技术的实践能力和创造创新能力，通过本课程学习帮助提升学生未来在企业事业单位行业分析、数据整理、大数据系统设计、智能应用设计研发，以及新产品和流行趋势研究等方面的工作能力。

四、课程基本内容及要求

“服装智能制造”课程基本内容主要包括服装行业智能制造的技术背景、概念内涵，以及服装设计、生产、物流、售后等各个主要环节所涉及的智能制造模式和关键技术。具体的内容如表 1 所示，包括教学课程章节、教学内容知识点以及各个章节所对应的课程思政的教学知识点。按照教学目标制订教学计划，共包括 7 个章节，每个章节包括 4 ～ 6 个小节内容，涵盖教学知识点，围绕“创新精神”课程思政教学中心目标，设计与各个章节的教学内容知识点相对应的课程思政教学知识点，主要包括我国智能制造的历史机遇、产业转型压力，以及当代学生的时代使命、责任和创新驱动力等。课程紧密结合我国当前经济社会发展和服装行业产业转型升级的时代背景，为服装设计与工程专业新时代新工科复合型人才培养提供思政保障。

表1 "服装智能制造"课程基本内容及要求

课程章节	教学内容知识点	课程思政教学知识点
第一章 智能制造概论	制造业概述 我国制造业发展 智能制造的概念、内涵 服装智能制造	工业革命的历史 我国制造业发展 大国重器、大国工匠 创新精神培养 时代责任感
第二章 智能体型分析技术	服装个性化定制 体型分析概述 三维扫描技术 图像图形技术 智能体型分析	新生产模式的启示 智能技术现状 新技术对服装行业产业的作用和影响 行业应用创新
第三章 智能设计技术与智能 CAD	智能设计概述 服装 CAD 发展 国内外服装 CAD 智能 CAD 技术	设计软件发展需要 自主创新设计 服装行业 CAD Style3D 的发展
第四章 智能制造系统与工业软件	智能制造系统 工业软件 服装行业软件 数字化云平台	信息安全重要性 自主工业软件 大数据与国家安全 云平台
第五章 智能传感与智能物联	物联传感概述 传感器技术 RFID 技术 物联网概念 服装行业物联	物联网时代 国际竞争加剧 5G 时代 自主知识产权 服装行业创新应用
第六章 智能制造装备技术	制造装备概述 智能机床 3D 打印技术 智能检测系统 工业机器人	高端制造装备 国际竞争加剧 高端制造技术自主创新的重要性和必要性 缝纫机器人案例
第七章 人工智能技术应用展望	人工智能概述 人工智能原理 人工智能工具 智能人机交互 设计与人工智能	未来 AI 发展趋势 高端技术竞争 国家的产业布局 当代青年的历史使命 新技术大有可为

五、课程思政教学设计

（一）教学设计

1. 教学设计概况

随着科技的进步，智能技术应用渗透社会生产和生活的各个方面，既是未来科技创新的重要方向，也是运用科学思维的重要形式之一。创新精神逐渐成为科学研究人员和工程技术人员的必备素质之一，而“服装智能制造”课程在学生科学素质培养方面担负着重要任务，做好本课程的思政教育建设十分紧要。

“服装智能制造”课程属于新兴技术专业课程，主要知识点与时政热点贴合度较小，因而较难构建与本课程融合度高、趣味性强、具有指导意义的思政教育课程体系。为此，在教学中，本课程拟挖掘学校“艺工融合”办学特色与“与美同行”理念，结合主流思政要素资源，以思维导图的方式为本课程梳理出具有一定指导意义的思政教育课程体系，努力做到思政要素不但融入专业课程，而且教学中引入的思政要素可以促进、指导学生对专业课程的学习。

2. 主要内容

（1）以创新精神为主的课程思政教育教学内容梳理

本课程以创新精神教育为中心，以新一代信息技术的发展和应用为主线，将创新精神作为课程思政要点内容融入教学知识点，构建以创新精神为主的课程思政教育知识思维导图（见图 1），突出创新精神培养教育的焦点；突出当代青年学生创新创造需求主题，结合国家政策和时代背景，以及新时代经济社会发展趋势，分层次展开教学：建立各分支和章节技术知识点与创新精神的紧密联系，以便于学生记忆整理，易于把握相互关系，从而明晰地建立本课程与思政教育有机融合的架构体系。

（2）课程思政内容资源挖掘与整理

挖掘学校艺工融合办学特色与“与美同行”理念，进行“服装智能制造”课程思政资源内容挖掘与整理。主要包括：工业革命的历史；我国制造业发展；大国重器、大国工匠；创新精神培养；时代责任感。结合国家历史传统文化资源、国际形势、时事政治、热点事件等整理主流思政资源。例如，总结我国社会主义建设和改革开放以来取得的伟大建设成就，增强学生的四个自信；通过

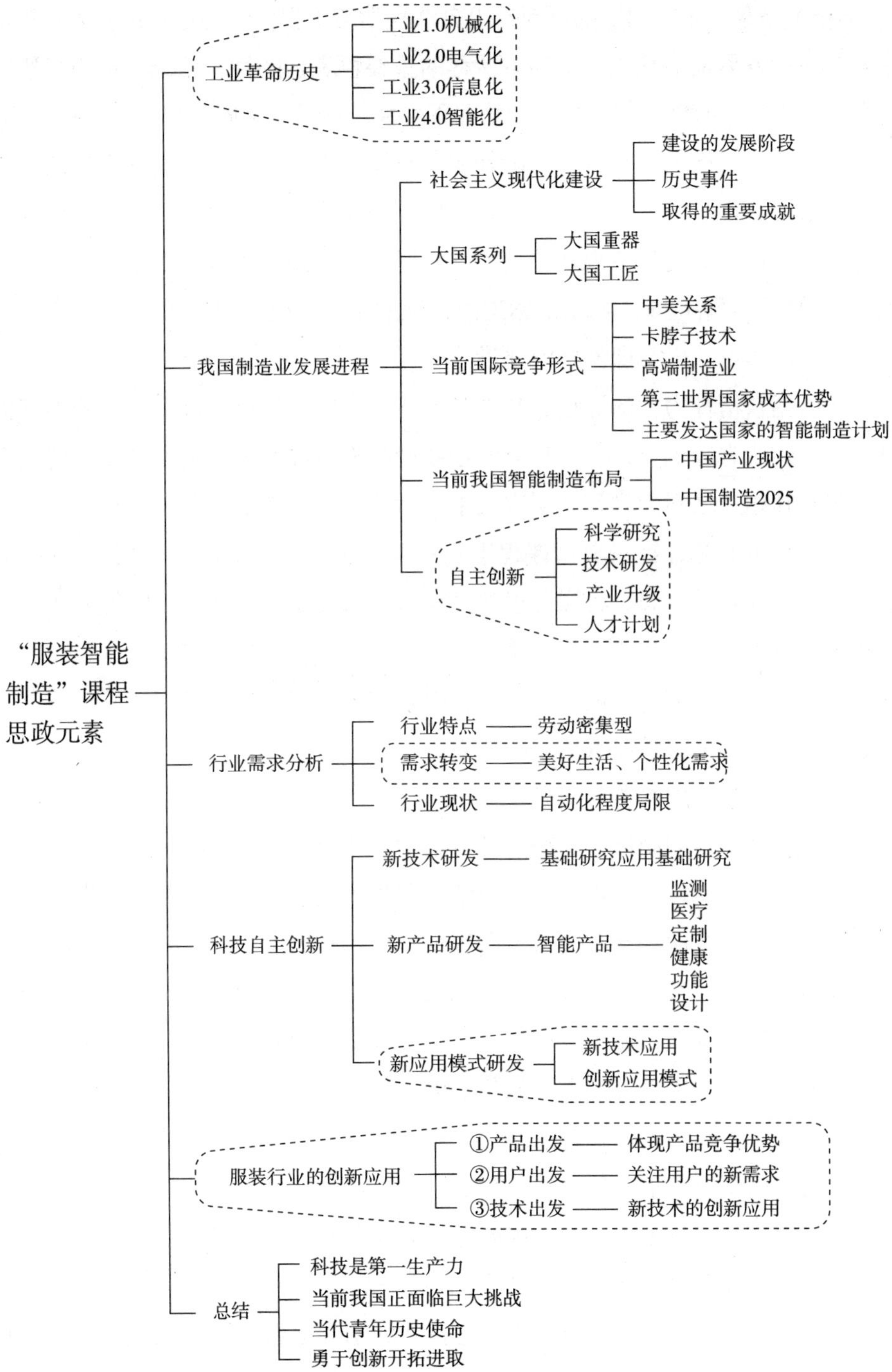

图1　以创新精神为主的课程思政教育教学思维导图

"科学技术是第一生产力"的论断指出自然科学与工程科学的重要性；人工智能是当今时代发展前沿热点，引出本课程的重要性和前瞻性；强调"创新思维"，引出对青年学生的创新创造能力的培养重要性；通过"卡脖子技术"危机教育，主流的二维、三维设计软件，与国外相比我国尚有一定差距，增强学生的危机意识和报国意识；开展安全保密教育，以国外软件存在安全后门为例，增强学生的保密意识；介绍学校规划的主流学科竞赛，激发学生为母校争取荣誉的自觉性，增进学生解决现实需求的紧迫感，激发学习与应用的兴趣。

（3）课程思政融合课件资源建设

在以创新精神为主的课程思政教学思维导图组织结构基础上，系统整理课程各章节的所有知识点，整理对应的创新精神教育课程思政资源要点，建立图谱，明确其相互之间的联系和层次关系。然后按章节知识点分布，制作课程教案、PPT 电子资源，针对典型课程思政资源，制作专门的图片、图示、图标、视频等形式的教学资源，将课程思政建设资源以文字、图片、视频等方式与课程知识点深度融合。在课堂教学和学生实验实践过程中自然地进行思政教育，在课程考试考核环节融入创新精神课程思政的知识点，通过过程考核与结课考试的方式强化学生"学以致用"的能力。

3. 课程思政教学改革的创新点

①从"服装智能制造"课程的具体教学实践出发，为了让思政教育入脑入心、会学会用，通过构建系统的创新精神课程思政思维导图，系统组织规划课程思政资源，实现课程思政要点与课程理论技术知识点的深度融合，并制作相应的教案、讲义、教学 PPT 课件等教育教学资源。

②除了课堂讲授，还在课程考核与结课考试中融入课程思政的考核形式与考核内容，加强学生学习效果，强化学生"学以致用"的能力，让学生增加从思政的角度简述某题目的解题思路和意义，从而考核学生的思政认知水平，达到综合提高创新教育水平的目的。

③将服装设计与工程专业的传统课程与互联网、大数据、人工智能等新一代信息技术深度融合，响应国家"人工智能 +×"复合特色专业的号召，提高服装设计与工程专业学生对新一代信息技术的掌握与运用能力，加强建设人工智能与传统学科结合相关的课程，强化学生对服装工程中的人工智能问题提取和实践应用的能力，更好地落实"新工科"人才培养目标。

4. 蕴含的思政元素分析

（1）工业革命的历史

以现代工业发展的历程为基础，工业1.0时代以蒸汽机为代表实现了机械化，机器代替人力实现产品的大规模制造，生产效率大幅提高；工业2.0时代以电动机和发电机为代表实现电气化，实现流水线生产制造模式；工业3.0时代电子计算机支撑制造业转型升级实现信息化；当前正处在工业4.0转型时代，以物联网、人工智能等新技术为支撑的智能制造技术实现制造业的智能化，向学生讲授科技创新的重要性，阐述"科学技术是第一生产力"的思想理念。

（2）我国制造业发展

自中华人民共和国成立以来，我国制造业经历了波澜壮阔的发展历程，取得了伟大成就。课程思政教学中，通过重要历史事件、有突出贡献的典型人物事迹，体现我国制造业的建设成就，当前中国制造在世界上的地位和重要性，体现了中国人民在中国共产党的领导下，不畏艰难困苦，打破西方技术封锁，取得一项又一项自主创新技术突破，成功跻身世界制造业大国行列，体现了中华民族艰苦奋斗、顽强拼搏、自主创新的伟大精神。

（3）大国重器、大国工匠

以中央电视台纪录片《大国重器》《大国工匠》的主要内容为切入点，讲解我国在制造业领域取得的伟大成就，引导学生树立强大的自信心和自豪感，阐述科技创新在当前各行各业的重要核心作用。讲解全球范围内的科技竞争，强调自主创新的重要性和必要性。《大国工匠》系列节目主要在于工匠精神的培养和塑造，引导学生专注于专业技术，注意观察并正视我国在一些领域的技术差距，投身所在行业，培养和塑造潜心钻研，戒骄戒躁的精神品质。

（4）创新精神

创新是科技发展的源动力，结合行业需求，培养学生创新精神。服装行业是典型的传统行业，技术和生产模式相对较为成熟，然而近年来在新需求、新技术的带动下，在新型纺织材料、智能服装、智能机器人、个性化高级定制、互联网大数据应用模式等领域创新拉动的趋势明显增长，鼓励学生学习了解新兴技术，培养创新思维，勇于开拓进取，将所学知识在行业发展中创新应用。

（5）时代责任感

当前正处在制造业智能化转型升级的新时代，人工智能、大数据等新一代信息技术正在赋能传统制造业，正在改变传统生产销售模式，各行各业的发展需要新技术的支撑和新思想的引领。服装行业是我国传统行业，是典型的劳动密集型产业，当前我国服装行业面临转型升级的压力：一方面人力资源成本上升压缩企业生存空间，行业就业竞争加剧；另一方面面临新时代消费者需求转变，人们的服装需求不断提高，向多样化、个性化方向发展。这就需要服装设计与工程专业学生树立时代责任感和使命感，完善自身学习计划和知识结构，提高专业技术水平，从而更好地应对行业需求和时代变革。

5. 课程思政教学效果评价

通过自我评价、学生评价、同行评价和专家指导等方式实现课程思政教学效果评价。自我评价主要体现在理念教学内容的纵向对比和相关课程的横向对比，逐步完善教学内容，改善教学方式，提高教学效果。学生评价方面，教师通过学生的评教结果反馈改进教学方法和教学内容，通过问卷调查的方式听取学生建议和反馈，经学生反馈，发现其对新兴技术的学习意愿较高，对课程思政的内容接受度较高。同行评价和专家指导主要是通过评教通道和咨询方式听取相关老师和专家建议，提高教学质量，形成多方位反馈评价体系，在今后的教学环节中不断改进完善。

6. 教学目标

在专业知识传授方面，讲授新技术原理、解决方案、新兴技术的应用案例，通过图片、视频等多媒体素材综合展示教学内容，实现互联网、大数据、人工智能等新一代信息技术与服装生产应用融合的“创新精神”课程思政体系建设目标。在能力培养方面，我校的本科教育逐步向时尚领域的特色培养发展，时尚设计离不开新技术支撑，要求设计人员具有很强的服装行业数据分析和市场把控能力，对于人工智能的交互手段也要有深刻理解。结合服装设计与工程学科专业特点和专业育人要求，挖掘“创新精神”“工匠精神”的思政教育资源，优化课程思政内容供给。在价值塑造方面，主要培养学生的创新精神和专业技术素养，塑造为社会主义现代化建设贡献力量的价值取向。信息技术与经济社会的交汇融合促使数据迅猛增长和人工智能技术的迅猛发展，数据成为国家基础性战略资源，智能技术推动工业 4.0 时代的创新驱动发展。全面推进“服装智能制造”课程思政建设理论研究和教学实践，创新课程思政建设模式，体现学校艺工融合办学定位和与美同行理念，达到对学生价值塑造、知识传授与能力培养的目标。

（二）教学实践

1. 教学内容

以第一章为例。“服装智能制造”课程的第一章教学内容主要为智能制造概论，具体包括制造业概述、我国制造业发展、智能制造的概念、智能制造内涵、服装智能制造。其中制造业概述讲解工业 1.0 时代至工业 4.0 时代的概念内涵及典型特征，需要结合世界工业发展进程讲解机械化、电气化、信息化、智能化的四个阶段，在此环节融入课程思政内容工业革命的历史，阐述科技发展促进工业进步、改变生产生活方式的内容。第二部分介绍我国制造业发展历程，从早期积累到当前成为制造业大国，重点讲解我国工业制造业的发展建设成就，结合大国重器、大国工匠课程思政内容，以实例重点向学生阐明我国社会主义现代化建设成就，以及我国制造业在当前世界上的地位和影响，增强学生的民族自豪感，增强四个自信。根据大国工匠的精神讲解专注于专业技术发展的工匠精神，塑造学生的专业技术精神素养。第三部分讲解智能制造的概念、内涵和依托技术，包括以大数据人工智能新一代技术赋能为特征的智能制造技术，帮助学生学习、了解新技术，将新兴技术与传统行业相结合，挖掘新的应用需求、新的技术创新，培养学生的创新精神。第四部分根据服装行业的特点，介绍服装行业智能制造的需求和发展趋势，介绍服装行业特点和服装智能制造涉及的核心技术，引导学生在服装智能制造领域挖掘新市场需求、新技术及创新应用，培养创新精神，结合我国当前产业转型升级的背景，培养学生时代责任感和历史使命感。

2. 教学方法

课堂教学采用课堂讲授、多媒体教学、小组讨论等多种形式进行。

首先，通过教学课件将本章节的主要内容总体呈现，按照章节顺序逐一展开讲解，对智能制造概念内涵、智能制造的时代背景、智能制造各项关键技术进行详细展开，对服装行业和生产、设计、销售各环节的智能化技术进行详细讲解，讲解技术原理、主要方法、实用工具和应用现状，以及应用前景和发展趋势等，使学生对技术发展形成明确的认知，了解技术发展的特点和局限。

其次，通过图片和视频等多媒体资源展示当前智能制造技术、装备发展的现状，让学生对我国智能制造技术进展有直观准确的认识，拓展新技术应用的思维方式。

最后，通过小组讨论的方式让学生自行结组，根据学生产业认知实习和专业实习的经历，对当前我国服装行业和主要企业的认识和了解，针对当前行业的发展现状，讨论我国服装行业现有技术现状、行业的发展瓶颈及关键制约因素，探讨我国服装行业智能制造技术的应用现状和未来发展趋势，加深学生对服装行业智能制造技术的理解。

3. 教学过程

按照培养目标和课程教学日历进行教学工作，开展课堂讲授、互动提问和学生分组讨论。通过课堂讲授、课后作业、反馈评价的循环模式组织教学过程，并通过专家指导、专家听课评教、学生互动评教的方式收集课程内容的评价反馈，根据反馈意见进一步修改课程资源，完善教学内容，改善教学方法。

（三）教学反思

本课程思政内容建设经过 2022 年度“服装智能制造”课程教学实践和反馈，教学效果基本良好，学生对新技术的学习期望较好，对我国社会主义现代化建设成就、国际竞争形势，以及工匠精神、创新精神培养等课程思政内容接受程度较高。然而，本课程在教学方式、与学生的互动环节方面仍然有很大局限，学生的参与度不高，单纯的课堂讲授方式形式单调，教学效果仍然有进一步提高的空间。此外，由于服装设计与工程的专业特点，学生前期对新兴技术的学习认知程度较低，信息技术计算机基础知识较弱，普遍不具备基本的程序设计基础，限制了一些应用型知识点的交互操作，从而影响教学效果进一步提高。改进思路是在基础知识教学环节适当强化对计算机基本应用知识的教学，进一步改进对实验内容和实验方法的设计。

"设计材料与工艺"课程的多维度课程思政教学研究与实践

完成人：杨洪君　审核人：常炜

一、课程基本情况

课程名称：设计材料与工艺

授课对象：工业设计专业、产品设计专业（生活方式方向）大学二年级学生

课程性质：学科基础必修课

二、课程简介

在材料日益丰富、材料技术不断发展的今天，"材料设计"成为设计创新的重要手段，设计师材料创新表现力的培养是设计专业学生能力培养的重要内容。可持续设计已经成为国际设计潮流，选择合适的材料是进行产品可持续设计重要的环节之一，培养具有良好综合素质，具备节约意识、环保意识和可持续发展意识的设计人才是高等设计教育的责任。因此，本课程旨在使学生掌握常用造型材料的基本知识、常用产品造型工艺方法的原理和应用的同时，通过融入教师团队近几年的材料创新实践成果，并在课程中融入可持续设计理念，培养学生在产品设计中材料创新的能力，为学习其他有关课程及以后从事工业设计方面的工作奠定必要的基础；增进学生文化自信，提升民族自豪感和使命感；培养学生尊重科学、实事求是的态度，以及精益求精、追求完美的工匠精神、敬业精神和创新精神；同时培养学生良好的沟通能力，使学生学会尊重他人，加强团结互助的合作精神。

本课程教学中所用参考书目主要有《设计材料与工艺》[1]《设计材料工艺学》[2]。

三、课程教学目标

（一）思政目标

①树立学生的使命感和社会责任感。

②增强学生的文化自信，提升民族自豪感和使命感。

③培养学生尊重科学、实事求是的态度，精益求精、追求完美的工匠精神、敬业精神。

（二）教学目标

①学生掌握常用设计材料的性能及应用的基本知识，并具有根据设计需求选择合适材料的能力。

②学生熟悉常用设计材料成形加工方法，掌握各种加工方法的基本知识，了解各种加工方法的特点、一般规律及应用范围。

③学生了解常用设计材料的表面装饰技术方法，并具有选择材料表面处理工艺的能力。

四、课程基本内容及要求

本课程基本内容及要求见表 2。

表2 “设计材料与工艺”课程基本内容及要求

课程章节	知识点	课程思政教学知识点
第一章 绪论	设计与材料的关系 设计材料的历史 设计材料的分类 设计材料的选择	引导学生辩证看待问题的科学思维，激发学生勇于探索的创新精神。 增强学生的文化自信，提升学生民族自豪感和使命感。引导学生正确认识世界和中国的发展局势，培养学生政治认同感。 培养学生的社会责任感

❶ 张仲凤 . 设计材料与工艺 [M]. 北京：机械工业出版社，2024.

❷ 郑建启，刘杰成 . 设计材料工艺学 [M]. 北京：高等教育出版社，2007.

续表

课程章节	知识点	课程思政教学知识点
第二章　金属及工艺	金属材料的基本知识 设计中常用的金属材料 金属材料工艺	增强学生的文化自信，提升学生民族自豪感，激发学生的爱国情怀。 培养学生踏实勤奋、持之以恒、勇于探索的科研精神。 培养学生精益求精、追求完美的工匠精神、敬业精神
第三章　塑料及工艺	塑料的基本知识 设计中常用的塑料 塑料工艺	树立学生大国勇于担当责任的勇气。 引发学生思考作为设计师的社会责任感，并在设计中自觉遵守法律法规。 树立学生勇于探索的科研自信
第四章　陶瓷与玻璃	陶瓷及工艺 玻璃及工艺	增强学生的文化自信，提升民族自豪感。 培养学生精益求精、追求完美的工匠精神、敬业精神
第五章　木材及工艺	木材的基本知识 设计中常用的木材 木制品工艺	增强学生的文化自信，提升民族自豪感。 培养学生精益求精、追求完美的工匠精神、敬业精神
实践环节	产品发展史调研 产品材质与工艺考察 材料创新设计实践	了解中国对人类文明进步的贡献，树立学生的文化自信。 培养学生尊重科学、实事求是的态度。 培养学生在产品设计中材料创新的能力，引导学生关注他人、关注社会问题，培养学生动手实践能力，以及精益求精、追求完美的工匠精神

五、课程思政教学设计

（一）教学设计

“设计材料与工艺”课程的授课对象为工业设计专业大学二年级学生，经过了一年的专业基础学习，虽然部分学生学习基础比较薄弱，专业知识储备不足，学习信心不足；但大部分学生求知欲旺盛，对学习专业知识兴趣较高，有自己的主张与看法。工业设计专业的培养目标是培养具有基础扎实、特色鲜明的工业设计专业基础理论、基础知识与技能和职业素养，具有历史使命感和社会责任意识，理解社会发展趋势，具有国际视野和创新精神的复合型、应用型人才。依据这一目标，作为工业设计专业的学科基础课，“设计材料与工艺”课程在教学中必须渗入思想教育，教学过程以“基于学生学习效果的教育”为理念，以让学生掌握知识点和提升实践能力、培养职业素养为目标，教师在传授专业知识，使学生掌握有关设计中所用的金属、塑料、陶瓷、玻璃、木材材料的性能、加工工艺方法等，从而达到能够正确选择、分析和应用各种常用设计材料的目的的同时，在课程内容教学中合理、巧妙地融合课程思政元素，对学生进行精神层面的感染，引导学生形成正确的价值观和人生观，帮助学生形成积极向上的人生态度，最终成长为既有科学精神又重思想品德的高素质人才，达到课程思政实践育人的要求。

“绪论”是课程开篇的第一课，讲好绪论部分，能给学生留下一个深刻美好的课程印象，培养学生对课程的兴趣，为后期该课程学习打下良好基础。因此，绪论部分的思政教育引入至关重要。课程的绪论部分包括四个大的知识点，即设计与材料的关系、设计材料的发展、设计材料的分类、设计材料的选择。这些内容既是后期课程的基础，同时蕴含的丰富课程思政元素，在课程中具有很强的代表性。在具体的教学实践中，课程在整体设计上，从文化自信与爱国情怀、新时期的工匠精神、使命感和责任感等维度开展课程思政育人。

1. 文化自信与爱国情怀

我国是世界四大文明古国之一，创造了辉煌的历史，而材料的发明、应用及制造工艺是其重要组成部分。在课程教学中，通过对我国陶瓷文化、青铜文化的讲解，既能加深学生对材料发展及对设计重要性的认识，又能够增强学生的文化自信，激发学生的民族自豪感和爱国热情。

2. 新时期的工匠精神

设计师的工匠精神集中体现为精益求精、追求卓越。在课程教学中，教师在教授学生材料相关理论知识的同时，引导学生认认真真、尽职尽责做事，培养学生在设计实践中注重细节、精益求精、追求卓越的工匠精神。

3. 使命感和责任感

课程试图将设计、材料与可持续发展相结合，通过大量设计与可持续发展的案例，引导学生从道德角度思考设计领域中的一些正、负面问题，培养学生作为设计师的社会责任感。

（二）教学实践

在具体的教学过程中，基于以上三个维度，挖掘教学内容中在不同维度的具体要素和案例，将思政教育融入课程教学的各环节、各方面，以期实现立德树人，润物无声，在潜移默化中帮助学生树立和培养正确的价值观。

“设计材料与工艺”是一门知识面广、实践性及综合性较强的课程，在教学中根据专业范围、工作任务和学生特点，采取了案例分析法、项目教学法、学生调研、分组讨论等多种教学方法。教学内容立足中华民族优秀传统文化根基，紧扣时代特点，将教学内容向伦理道德、全球意识等维度延伸。课程开始首先向学生分析课程的背景及意义，让学生认识到课程的重要性，之后将思政要素融入各知识点中。

1. 设计与材料

首先引导学生通过一年的专业学习思考工业设计的含义是什么，指出工业设计的本质就是创造性的活动，通过实际的设计案例使学生明确材料是工业设计的前提条件和物质基础。同时，以自然辩证法的观点，通过学生熟悉的数码产品、国家体育场、水立方等案例进行论证，引导学生进一步思考设计与材料之间的辩证关系。在这一过程中，一方面使学生理解和掌握设计与材料之间的关系，提升了学生学习课程的兴趣；另一方面培养了学生辩证地看待和分析问题的能力和科学思维。同时通过讲解设计案例，如鸟巢设计材料的研发及建设过程等，激励学生勇于进行创新和探索。

2. 材料的发展

教学过程中，首先指出材料同人类文明密切相关。历史上，人们把新材料的应用作为人类进步的里程碑，如“旧石器时代”“新石器时代”“青铜器时代”“铁器时代”等。在讲解时，结合中国古代文明的起源、中国的陶瓷文化、青铜器文化等，使学生了解材料发展史、理解设计师学习和掌握材料知识的重要性的同时，感受中华民族在陶瓷、青铜器技术与艺术上所取得的成就对世界艺术和文化的深远意义和影响，以及对世界文明进步发展所作出的重大贡献，培养学生求真务实、敢于创新的品格，深入推进文化育人，引导学生不断增强文化自信，提升民族自豪感和使命感，厚植爱国情怀，形成对社会主义核心价值观的普遍共识和价值认同。

其次以国内外设计材料的现状、存在的问题和发展前景作为切入点，引导学生正确认识世界和中国的发展局势，使学生明白我们国家的设计行业发展仍然任重道远，还需要继续努力，因为高端制造和前沿领域我们仍有落后于国际同行之处。通过讲解新材料、新技术及未来材料的发展，引入一些新材料在设计中应用实例的新闻、视频，引导学生思考“世界等待着什么、国家需要什么、我们能做什么”等问题，激发学生的爱国热情，激励学生为国家富强、民族振兴而努力学习，培养和树立学生的社会责任感和专业使命感。

3. 设计材料的选择

教学过程中，以与知识相关的重大事件或经典案例作为切入点，使学生掌握设计材料的选择原则。例如，讲解选择设计材料应考虑材料性能时，以德国“艾雪德列车出轨事件”引入，让学生明白作为设计师，熟练掌握材料性能的重要性；讲解选择设计材料应考虑环境因素时，结合目前塑料污染造成的危害，介绍我国关于塑料行业的法规，使学生树立大国勇于担当责任的勇气，并在设计中自觉遵守法律法规；讲解国内外经典的生态塑料及塑料再造的设计案例，使学生明白作为设计师，在选择材料时，应该为整个社会的发展及子孙后代负责，培养学生的社会责任感。最后，介绍本校师生团队的科研成果，使学生树立勇于探索的科研自信。

4. 产品发展史调研

“设计材料与工艺”课程是一门理论结合实践的课程，在绪论部分设置了调研实践环节，使学生通过调研某类产品的发展史，分析讨论该类产品所使用的材料的发展历程、发展趋势及对产品形态、功能等的影响，以帮助学生掌握理论知识，强化学生对于材料与设计的认知，培养学生的科学思维，引导学生养成善于思考、求真务实的科学精神，同时使学生了解中国对人类文明进步的贡献，树立学生的文化自信。

（三）教学反思

1. 教学效果

经过两年的课程建设和教学，“设计材料与工艺”课程建立起了相对完善的思政教学体系，取得了较好的教学效果，学生评教和专业评教结果均为优秀。课堂上师生的互动多，学习气氛浓厚。大多数学生在课堂上掌握了课程的知识点，能够基本达到教学的知识和能力目标。通过结合具体实例融合哲学观点、职业素养、工匠精神等思政元素，让理论知识的学习不再枯燥，学生的学习兴趣提高了，学生的思想也得到了升华。

2. 课程需解决的问题

目前在教学中还存在一些问题。

①思政元素还需进一步挖掘。目前课程所运用的设计案例更多的是从专业知识角度进行分析，还需要结合教学的知识、技能和德育目标，运用思想政治理论教育的思维组织教学内容，深化学生对课程内容的理解，充分挖掘课程中蕴含的课程思政元素，继续做好课程教学的整体设计，明确课程的价值取向以实现其育人功能。

②课程思政教学内容未完全纳入课程的考核评价中，因此还需要建立多维度的课程教学评价指标体系，以更全面地检验教育教学成果。

基于艺工融合的“织物设计CAD”课程思政教学设计

完成人：吴红艳　审核人：张秀芹

一、课程基本情况

课程名称：织物设计 CAD
授课对象：高分子（纤维时尚与设计实验班）学生
课程性质：专业必修课

二、课程简介

“织物设计 CAD”为该实验班的一门专业基础课，共 36 课时，2 学分。该课程旨在：使学生掌握织物设计 CAD 软件的使用方法，能灵活运用 CAD 软件进行组织设计、织物模拟、印染效果模拟等；使学生具备综合运用织物组织、纱线、色彩等进行产品设计、开发与创新的能力。该课程的特色是艺工融合的培养模式：将织物设计所需的技术与艺术知识相融合，培养学生综合运用织物组织、纱线、色彩、图案、软件等进行织物创新设计与开发的能力。为提升课程育人效果，教师对教学内容进行逐章节梳理，充分挖掘思政元素，在课程目标中设立育人目标，在教学内容中融入思政教育，以达到育才与育人的目的。

三、课程教学目标

（一）思政目标

在艺工融合教学的基础上深挖思政元素，在现代织物设计技艺中融入民族传统文化等思政元素，一方面弘扬民族精神，传承民族文化，增强文化自信；

另一方面古今结合，古为今用，提高学生的创新意识和创新能力。培养学生爱国精神、实践能力、工匠精神、创新创业能力、职业素养，满足学生多元化发展的需求。

（二）教学目标

本课程通过理论教学，使学生掌握各种织物组织的组织特征、作图方法及设计原理，能够绘制上机图，培养学生组织设计的基本技能；通过织物 CAD 软件的上机训练，使学生掌握织物设计 CAD 软件的操作方法，能灵活运用 CAD 软件进行组织设计、织物模拟、印染效果模拟等。本课程培养学生综合运用织物组织、纱线、色彩等知识进行产品设计与开发的能力，使学生具备一定的创新能力。

四、课程基本内容及要求

本课程基本内容及要求见表 3。

表3 “织物设计CAD”课程基本内容及要求

理论教学（16 学时）		
课程章节	知识点	课程思政教学知识点
第一章 织物设计 CAD 概述	织物设计 CAD 的定义、功能、类型及基本操作方法	织物设计 CAD 的发展历程
第二章 机织物上机图	机织物上机图的作用与组成	组织图、穿综图间的关系
第三章 机织物组织设计	三原组织、变化组织、联合组织及复杂组织的定义、类型、设计方法及应用	中国传统纹样的分析
第四章 配色模纹织物设计	配色模纹组织的定义、设计方法及应用	中国传统文化元素在配色模纹织物中的创新设计
第五章 针织物组织设计	针织物组织的基本概念及设计方法	新型绿色环保材料的应用
实践教学（20 学时）		
项目名称	项目内容	课程思政教学知识点
上机实训 1：纱线设计	认识花式线和利用纱线库，设计纱线并学会建立纱线库	绿色环保纱线的设计

续表

实践教学（20学时）		
项目名称	项目内容	课程思政教学知识点
上机实训2：机织物组织设计	认识小提花组织的设计原则，设计变化组织、联合组织、平纹小提花组织等	环保、绿色、节能概念与织物设计相结合
上机实训3：配色模纹组织	限定黑、白两色，认识机织物的模纹图、学习传统、经典的织物模纹效果，设计新型模纹效果	中国传统文化融入配色模纹织物设计
上机实训4：彩色机织物设计	运用色纱进行花色设计，在织物组织知识、织物模纹知识基础上进行设计	色彩的和谐搭配
上机实训5：指定纹样设计	给定2～3个色织纹样，通过色纱与组织的搭配实现纹样效果，绘制出组织图、穿综图、色纱排列与循环	中国传统纹样的分析
上机实训6：针织物组织设计	针织物针法组合、花色设计	基于绿色环保聚乳酸纤维的针织物设计
上机实训7：系列产品设计	自拟一个主题，综合运用纱线、组织、色彩、仿真与模拟知识设计系列产品，并配有100字产品介绍	精益求精的工匠精神 勇于突破的创新精神

五、课程思政教学设计

（一）教学设计

本文以第四章“配色模纹织物设计”为例，从重构课程目标、教学环节设计及思政教育设计三个方面进行设计。

1. 重构课程目标

课程目标规定了学生学习课程后在专业知识、专业能力及综合素质等方面期望达到的程度，是确定教学内容与教学方法的基础。因此，要实施课程思政教学，首先要重构课程目标，形成融合专业知识与思政教育的新课程目标。

针对“配色织物设计”章节，重构后的课程目标如图2所示。知识目标强调学生对基本知识和方法的掌握，使学生正确理解配色模纹织物的设计原则与方法；能力目标强调通过经典纹样分析、案例引入等方式，提高学生分析问题能力以及创新能力；育人目标提升学生对中国传统文化的热爱，提高学生的创新意识和专业设计素养。

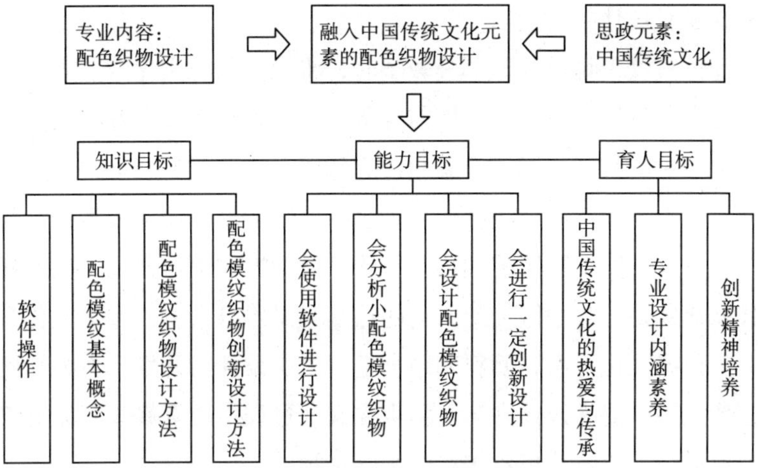

图2 “配色模纹织物设计”章节课程目标

2. 教学环节设计

“配色模纹织物设计”章节依托云班课开展线上线下混合式教学，整个教学过程分为课前、课中和课后三个环节，其总体教学设计如图 3 所示。课前、课后的线上学习借助云班课完成；课堂内容分为学习新知、设计实践、交流汇报与深化认知四个部分。

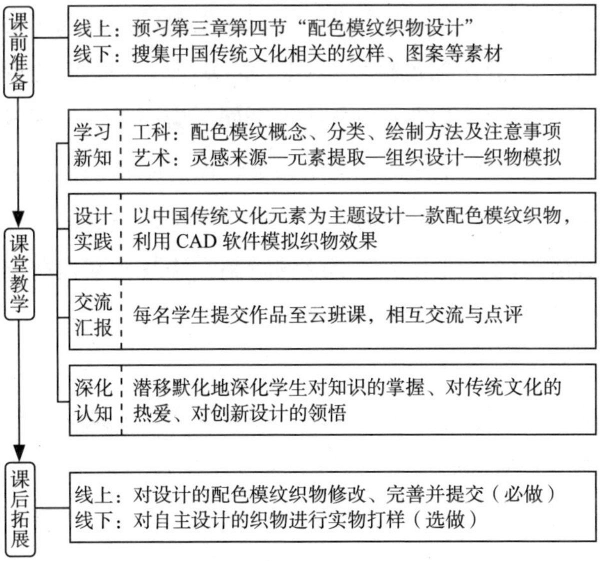

图3 教学设计

3. 思政教育设计

在“配色模纹织物设计”部分教学时，将中国传统文化的热爱与传承作为核心思政元素，贯穿课程始终。课前准备阶段，教师在线上发布任务：搜集中国传统文化相关的纹样、图案等素材。在课堂环节，教师发布“以某一传统文化或传统元素为主题，设计一款配色模纹织物”的设计任务，学生进行自主设计。整个教学过程以中国传统文化为主题，使学生在学习知识、完成任务的同时，潜移默化地提升对中国传统文化的热爱和民族自豪感，增强文化自信。同时，将中华传统文化元素与面料相结合进行二次设计与开发，古为今用，培养学生的创新意识，提高设计内涵。学生在设计过程中反复修改、完善组织图及织物模拟效果图，培养了精益求精的工匠精神。

（二）教学实践

1. 课前准备

教师在云班课上发布课前准备任务：预习第三章第四节“配色模纹织物设计”；根据预习内容，搜集中国传统文化相关的纹样、图案、图片等素材。

2. 课堂教学

（1）学习新知

本节课的内容分为两部分：一是工科知识，主要包括配色模纹的绘制方法及织造时的注意事项等；二是艺术设计知识，主要包括寻找灵感来源并从中提取设计元素，设计元素在配色模纹组织中的实现。本环节主要采用多媒体演示、实物观察、案例教学相结合的方法。例如，为便于学生理解，提高他们的学习兴趣，教师先给学生分发几种常见的配色模纹织物小样，引导学生观察其特点，并将其与之前的组织织物相比较，引导学生归纳总结配色模纹织物的特点；教师以千鸟格为例，讲解配色模纹的绘制方法及元素提取方法，并结合织造条件讲解配色模纹织物设计的注意事项。

（2）设计实践

教师在云班课上发布头脑风暴：以中国传统文化元素为主题设计一款配色模纹织物，并利用 CAD 软件模拟织物效果。学生进行自主设计。

（3）交流汇报

每名学生将自己的设计作品上传至云班课，同学之间互相打分和点评，教师选取代表性作品并由学生进行展示与汇报，学生之间进行交流，教师点评。

例如学生作品《绮雀》，其设计过程如图4所示，灵感来源为吉祥鸟——孔雀，在我国传统文化中，孔雀被认为是吉祥、善良、美丽和华贵的象征。孔雀图案结构复杂，不易直接在织物上实现，因此本设计提取了孔雀最具代表性的元素：华美的羽毛和纤细的脖颈，将抽象简化后的孔雀在织物上呈现，赋予织物更美好的寓意。此设计利用配色模纹设计方法，将孔雀图案进行抽象简化与再设计，使其栩栩如生地呈现在织物上。此设计很好地运用了本章节所学知识。

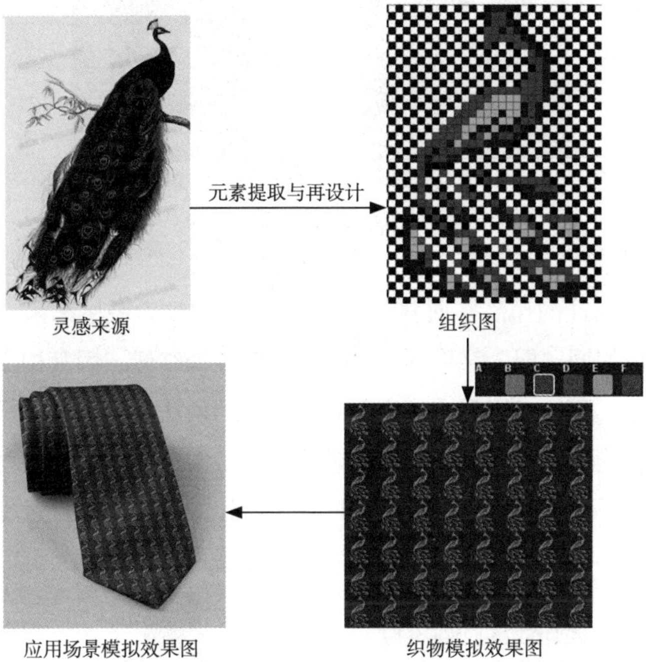

图4 作品《绮雀》设计过程

再如学生设计的作品《四合》，其图案及配色灵感均来源于故宫。故宫是世界上现存规模最大的一座皇宫，是北京最大的四合院，这里的每一座建筑，都有着自己的营造理念、格局规制、风水堪舆、文化内涵。四合院是中国一种传统的合院式建筑，其格局为一个院子四面建有房屋，从四面将庭院合围在中间，故名四合院。本作品采用格纹设计来展现四合院的格局，而作品的配色灵感则来源于故宫的红墙金瓦，最终形成了作品《四合》，设计过程见图5。该作品很好地利用了配色模纹的设计思路，采用最简单的平纹组织，与色纱巧妙搭配后形成了格形叠加的效果。

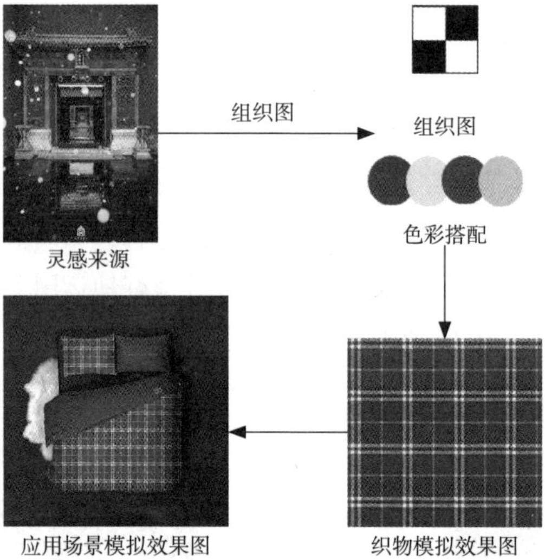

图5　作品《四合》设计过程

又如学生设计的作品《回叠》，以传统纹样回纹为灵感来源。回纹是指以横竖折绕组成如同“回”字形的一种传统几何装饰纹样，因其构成形式回环反复，延绵不断，回纹在民间有“富贵不断头”的说法。根据其纹样的特性，人们赋予了回纹连绵不断、吉利永长的吉祥寓意。本作品通过简化设计再搭配配色模纹，设计了一种具有层叠美感、简约又精致的纹样，设计过程见图 6。

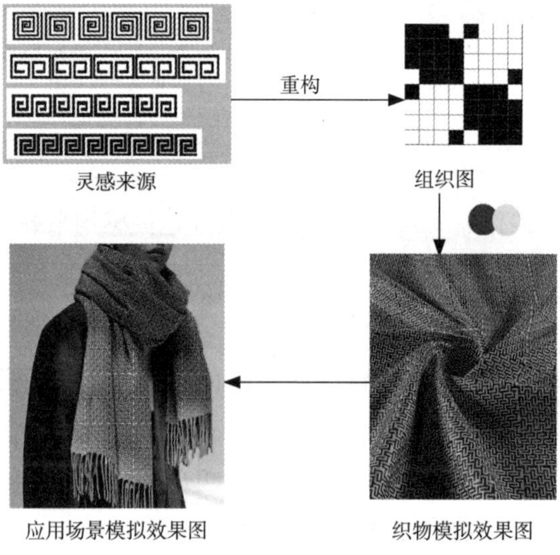

图6　作品《回叠》设计过程

（4）深化认知

通过以上教学环节，学生不仅掌握了配色模纹织物设计所需的工科知识和艺术设计方法，更重要的是学生在自主设计时会不断思考将搜集到的中国传统文化元素与织物设计相结合的方法，从灵感来源到元素提取、组织图绘制、织物效果模拟，整个设计过程是技术与艺术的融合过程，使学生领悟到对传统文化的应用不是生搬硬套，而是需要结合设计意图、设计原则、织造条件等因素不断创新与完善。在整个教学过程中，学生对知识的掌握以及对中国传统文化的理解程度不断加深，不断深化对创新意识及精益求精精神的领悟。

3. 课后拓展

课堂时间有限，因此采用课后拓展方式进一步延伸本章节教学内容。本章节的课后拓展模块分为必做和选做两种，必做项为进一步修改、完善设计作品并将其提交至云班课；选做项针对学有余力的学生，利用实验室小样织机将自己的作品进行实物打样，在织造过程中会出现很多技术问题，学生需要根据织造条件对作品不断修改。织造后可以将设计作品与实物作品进行对比分析，使学生进一步理解织物组织设计中包含的技术、艺术及文化内涵。

（三）教学反思

"织物设计 CAD"课程有相应的理论知识需要学习，但更需要学生亲自实践，因此本案例充分利用课前、课中、课后三个环节鼓励学生自主设计与实践，并将思政教育贯穿整个教学环节。学生设计的作品除有较好的外观效果外，同时其文化底蕴与作品内涵也得到提升，可以看到他们通过本节课的学习既掌握了专业知识，同时也能将中国传统文化元素与织物相结合进行创新设计。课程达到了良好的知识传授与思政教育的作用。

在课程思政教学过程中也发现了一些问题。例如，课程思政元素的提炼融合还不够，教师还需要对整个课程内容进行梳理，深入挖掘思政元素，且对思政元素进行加工、凝练和升华，使之能够与专业内容有机融合，在教学上达到润物无声的效果。因此，总结课程思政改革思路为：专业内容梳理 → 思政元素挖掘 → 思政元素加工 → 思政元素融入 → 教学与思政效果升级。

爱上中国造，思政情怀教育探索

——纺织非遗传承在“纺织品染色”课程思政中的实践

完成人：关芳兰　审核人：王建明

一、课程基本情况

课程名称：纺织品染色
授课对象：轻化工程专业大学三年级学生
课程性质：专业课

二、课程简介

“纺织品染色”课程主要以课堂教学的形式向学生讲授纺织品染色基本原理、各类纤维纺织品染色的工艺原理和实践，培养学生具备对纺织品染色工艺进行研究、分析及工艺设计的能力。通过本课程的学习，学生应系统地掌握各类纺织品染色的基本原理和加工技术，为以后从事纺织品印染加工的科研、生产、工艺设计、新产品开发、纺织品检验、纺织品经营管理、纺织品贸易等工作奠定基础。

主要教学内容包括：染色基本原理，直接染料、酸性染料、金属络合染料、酸性媒介染料、活性染料、还原染料、分散染料、阳离子染料的染色原理及方法，多组分织物染色概述。

该课程涉及面广，综合了有机化学、分析化学、纤维化学与物理、表面活性剂化学、染整设备等多方面基础课程知识，同时本专业的专有名词和概念庞杂，其在一定程度上提高了教与学的难度。该课程是一门理论性与实践性并重的专业课程，对培养染整方向的未来人才意义深远。

三、课程教学目标

（一）思政目标

在本课程的教学过程中，将思政元素与专业知识有机地融合在一起，培养学生树立正确的世界观、价值观和人生观，提升学生伦理道德水平和塑造学生科学精神，落实“立德树人”的根本任务。根据本专业的特点和本课程的教学内容，蕴含的思政元素可以归纳为六个维度：政治认同、家国情怀、文化自信、科学精神、法治意识、职业素养。

（二）教学目标

系统地掌握纺织品染色的基本原理，具有扎实的专业理论基础和一定的生产工艺分析能力；系统地掌握纺织品染色加工的基本工艺，主要加工用化学助剂、染料的基本结构特征和应用性能，以及染色、印花产品的质量要求，并能选择和设计正确的染整工艺，能够分析影响产品质量的相关工艺因素；掌握纺织品染整工艺技术发展动向，能够采用当前国内外该领域的最佳可行性技术方案，解决染整工艺过程中涉及的主要技术问题，具备新技术开发的知识和基本能力。

四、课程基本内容及要求

本课程基本内容及要求见表4。

表4 “纺织品染色”课程基本内容及要求

课程章节	知识点	思政元素	课程思政教学知识点
第一章绪论	印染工业的发展史和巨大成就	政治认同、家国情怀	依据印染行业的发展历史及新中国取得的巨大成就的成功案例，培养学生的政治认同和民族自豪感；使学生更好地了解中国国情，加深对祖国的感情及热爱
	印染行业清洁生产、绿色化学品	法治意识、职业素养	专业知识的学习过程也是一个普法的过程。通过印染行业清洁生产和保护环境的案例教学，使学生树立人—自然—社会和谐统一的生态文明意识及法治意识，深刻领会工程伦理的内涵及需要担当的社会责任、具备的职业素养

续表

课程章节	知识点	思政元素	课程思政教学知识点
第一章 绪论	新型染整技术	科学精神	介绍化学、材料等相关基础学科的发展及其对染整学科的促进作用，以辩证唯物主义的观点来分析染整学科中的问题，有利于培养学生的系统思维能力和科学精神
第二章 染色基本理论	上染过程中染料对纤维的吸附存在着动态平衡	培养辩证思维和科学发展观	培养学生用辩证思维看待事物内部矛盾对立统一和发展变化，并培养科学发展观
	染料对纤维吸附的三种模型	培养科学精神	通过讲授吸附模型，培养学生具有求实、实践、验证、创新和归纳原理的科学精神
	影响染料向纤维内扩散的因素	培养辩证思维、科学精神	启发学生做事善于抓重点、集中力量解决主要矛盾，推动事物的发展的辩证思维和科学精神
第三章 直接染料染色	直接染料耐洗色牢度较差和固色后处理	科学精神	通过介绍直接染料和固色剂的发展历程，使学生认同科学技术是第一生产力，培养学生尊重科学、积极创新的科学精神
	直接染料分类和分子结构特点	法治意识	通过禁用直接染料的举例，使学生认识到科技的两面性，树立法治观念，深刻领会善用科技的重要性，践行绿色化工，保障产品安全性
第四章 活性染料染色	活性染料和纤维素纤维的反应性及反应历程	科学精神	通过重点讲解活性染料和纤维素纤维的反应性及反应历程，让学生理解活性染料与其他种类染料染色的共性与个性，从中体会矛盾的特殊性，掌握辩证唯物主义方法论
	活性染料与纤维的固色效率及影响因素	环保意识	通过讲解活性染料与纤维的固色效率及影响因素，让学生理解活性染料染色过程中如何控制工艺，提高染料利用率和减少染料浪费
	活性染料染色的历史与染色方法演化过程	家国情怀	通过讲解活性染料染色的历史与染色方法演化过程，让学生了解活性染料染色在我国的发展历程，了解目前国产染料的发展现状
第五章 还原染料染色	植物靛蓝染色的发展历史	文化自信、民族自豪感	通过介绍植物靛蓝染色的历史和发展，使学生了解我国悠久的印染技术发展历史和丰富灿烂的文明，引导学生增强对中国传统文化的认同感，培养其文化自信；使学生在增加民族自豪感的基础上，自觉传承和弘扬中华民族优秀传统文化

续表

课程章节	知识点	思政元素	课程思政教学知识点
第五章还原染料染色	青出于蓝而胜于蓝	科学精神	学习还原染料的染色过程，染色过程中的颜色变化，明白事物是发展、变化又相互联系的；了解植物靛蓝染色技术的发展和创新，现代合成靛蓝及植物靛蓝染色技术的对比，从而引导学生树立科学的创新观念，培养学生不断探索创新的科学精神
	还原染料染色新技术	法治精神、职业素养	结合还原染料染色过程中对碱和还原剂大量使用所产生污染和新型染色技术的学习，引导学生关注生态文明建设的国家战略，树立可持续化发展理念
第六章酸性染料、酸性媒介染料及酸性含媒染料染色	蚕丝染色	政治认同、家国情怀	以古代蚕丝天然染料染色为例，简介我国古代染色技术成就，培养学生的政治认同、民族自豪感、文化自信，以及传统染织文化的创新和传承能力
	酸性媒介染料染色	法治意识、职业素养	简介酸性媒介染料染色存在的问题及解决方案、环保法规，培养学生正确选择染化料的法治意识、可持续发展理念，提升职业素养
	酸性染料染色	科学精神	以酸性染料结构与应用性能的关系为案例，通过如何兼顾匀染性和耐水洗色牢度进行酸性染料结构创新的介绍，培养学生的科学思维、科学创新精神
第七章阳离子染料染色	阳离子染料的发展历程	科学精神	在腈纶出现后，阳离子染料才得以大规模地应用，说明科学的发展是偶然性与必然性的结合，激发学生热爱科学、探求真理的热情，并树立实事求是的科学态度
	阳离子染料的染色特点	职业素养	以辩证唯物主义的观点分析阳离子染料染色过程中可能存在的问题，培养学生的系统思维与解决复杂问题的能力
	我国在阳离子染料合成及应用中的成就	爱国情怀	通过讲述我国在阳离子染料合成及应用中取得的重大成就及对国际染料与染色行业做出的巨大贡献，增强学生的民族自信心和家国情怀
第八章分散染料染色	分散染料百年发展史和巨大成就	政治认同、家国情怀	结合分散染料百年发展史及我国分散染料从弱到强的过程，介绍浙江龙盛成功收购国际染料巨头德司达公司，成为全球染料巨头的案例，激发学生民族自信心和民族自豪感

续表

课程章节	知识点	思政元素	课程思政教学知识点
第八章 分散染料染色	新型分散染料及其清洁生产工艺	法治意识、职业素养	通过液体分散染料、高耐碱分散染料及其清洁生产工艺、短流程染色工艺的案例教学，结合国家“碳达峰”“碳中和”的伟大目标，使学生明确染色工艺设计对产品质量、环境保护的重要性，明确本专业可以承担的社会责任和义务，培养学生可持续发展的生态意识，具备良好的职业素养
	涤纶产品案例分析（分散染料热迁移）	科学精神	通过对涤纶海岛纤维面料后整理后染色牢度大幅下降的原因剖析，分析研究影响分散染料热迁移的原因及其解决方案，培养学生系统思维能力、解决复杂工程问题的能力和不断创新进取的科学精神
第九章 多组分纤维纺织品染色	典型双组分纤维纺织品类型及其染色后色彩效果	科学精神	通过介绍由不同种类、形态、性能、功能纤维复合的多组分纤维纺织品染色后同色、留白、浓淡、异色的色彩效果，让学生理解染料结构、染料浓度、纤维类型及混纺比及染色工艺（如温度、染浴 pH 值、助剂等）等对染色效果的影响，蕴含着辩证统一的哲学思想和探索创新的科学精神
	染料对不同纤维的沾色程度、减轻沾色和去除沾色的方法	法治意识	多组分纤维纺织品的染色是以单一纤维的染色为基础的，涉及单一纤维所用染料、染色工艺条件及其对染色的影响等内容，需要解决染色时因染料生产及染色过程中污水及废弃固体物的排放带来的生态环境问题，有助于加强学生在原料、工艺、设备、产品等多方面的绿色环保意识及法治意识
	多组分纤维纺织品染色基本方法、工艺及原理	职业素养	三组分以上纺织品的染色是以双组分纤维纺织品的染色为基础的，是综合运用单组分和双组分纤维纺织品染色技术的结果，需要将单组分和双组分纤维纺织品染色原理基础与新产品开发技术需求结合，体现学以致用的职业素养

五、课程思政教学设计（以第五章“还原染料染色”为例）

（一）教学目标

1. 知识目标

教师引导学生回忆还原染料结构特点及性能，学生通过教学掌握还原染料染色过程、机理以及还原染料的染色方法，包括隐色体浸染、悬浮体轧染、靛蓝染色。

2. 能力目标

①能够结合自身专业知识探索还原染料染色所涉及的专业问题。

②能够主动学习运用本专业的基础知识探索解决还原染料染色的难点问题。

3. 价值目标

①通过引入植物靛蓝染色的历史和发展、蜡染非遗传承人的授课和实践，帮助学生树立文化自信、培养家国情怀。

②通过对牛仔纱线靛蓝染色工艺的了解，树立绿色染整、可持续科学发展观和生态文明观。

③运用唯物辩证观点，深入理解专利理论，建立起系统的概念，深刻总结还原染料染色过程中的规律。

（二）教学内容分析

1. 教学内容

课堂主要包括四节内容，通过理解还原染料的染色过程中的氧化还原反应，以此理解还原染料让染纤维素纤维的机理，逐步深入，掌握还原染料主要的三种染色方法及工艺，内容前后衔接。内容框架见图 7。

2. 教学重点

重点掌握还原染料悬浮体轧染和隐色体浸染染色工艺及影响因素。

3. 教学难点

教学难点：理解还原染料上染速率的控制和影响因素。

教学对策：通过相应的实验配合理论课程强化学生对专业知识的理解。

（三）教学对象分析

本课程教学对象为轻化工程专业大学三年级学生，其学习了染料化学、纤

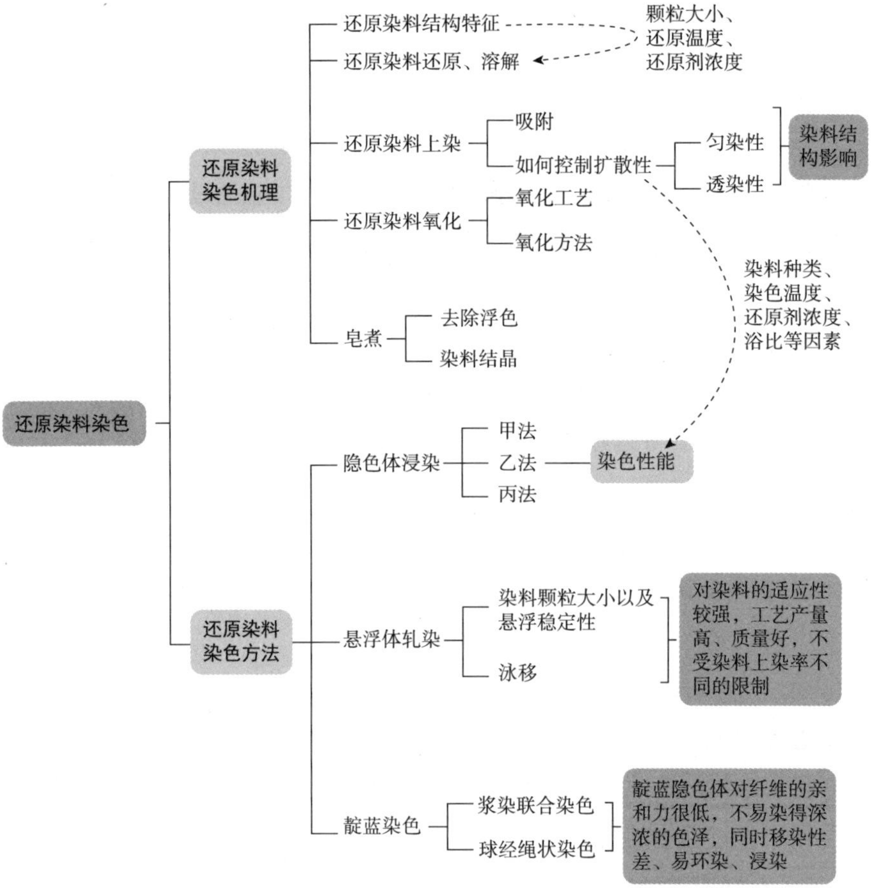

图7　还原染料染色主要内容框架

维化学与物理、纺织品常规整理等前期课程，具备了一定的工程思想，对基本工艺已经有了初步的了解。在“新工科”和课程思政教育背景下，在课程中融入人文历史内容，提高学习兴趣，潜移默化地培养德才兼备、能力突出的综合性人才。

（四）教学方法与手段

①启发式教学。大多数人都有牛仔服装，教师通过与学生讨论牛仔服装的颜色是怎么形成的，跟其他纯棉面料的服装颜色有什么区别，启发学生思考靛蓝还原染料的特点。

②通过雨课堂平台展开参与式教学。教学方式以 PPT 讲授为主，融入课堂的参与式教学。

（五）教学过程

1. 还原染料概述

（1）引言

教师提前布置观看牛仔纱线的浆染联合染色视频的任务，要求学生上课时尽量穿一件牛仔服装，一起讨论牛仔服的颜色是怎么形成的，破洞、猫须等效果是怎么呈现的？为什么牛仔服装的颜色不一致，大家更喜欢什么样的颜色？（启发式教学，通过学生喜欢的牛仔服装引入，用时 5 分钟）

互动式讨论：牛仔服装上的印花怎么做的，我们能不能自己设计、自己做？（激发学生的创业激情，用时 10 分钟）

同时，引入牛仔服装加工过程中产生的污染，引导同学思考如何改变牛仔服装面料加工的现状，以此作为思政内容。思政教学知识点：关注生态文明建设，纺织服装产业如何实现可持续发展。（用时 5 分钟）

引入激光刻蚀、生物酶处理等牛仔布加布的新技术视频，激发学生的内在驱动力，引导同学们思考如何解决目前牛仔服装行业的问题，激发创新思维。引导同学关注牛仔裤定制服务：根据顾客的体型、尺码定制更适合顾客的牛仔裤，让普通人参与到自身服装的设计中，也不失为一种环保与创新。（用时 10 分钟）

（2）还原染料结构及特点

重点回顾：还原染料的定义，通过提问 vat dyes、indigo dyeing、denim（jean）的含义，引出还原染料的结构特征。

jean 和 denim 其实指的是一种布料，jean 是因为意大利的裁缝而得名，而 denim 则是从法语里 Serge DeNimes 而来。vat dyes 特指合成的还原染料，瓮染料，indigo dyeing 特指天然靛蓝染料染色。（引导学生阅读英语，翻译英文单词，用时 5 分钟）

我国的蜡染技艺在东汉时期已相当成熟，到了西晋时已可以染出十余种色彩的蜡染制品，唐代蜡染技艺已非常盛行，到南宋时蜡染花布称为“瑶斑布”。

思政元素：人物榜样作用、历史传承。我国古代的手工蜡染技艺在宋代就发展到了极致。传承非遗技艺就是为了弘扬传统文化，如何传承、如何应用非遗技艺是值得我们思考的问题。

2. 还原染料染色过程和染色机理

（1）还原染料的主要结构特征及染色机理

蒽醌类染料和靛系染料都是还原染料，蒽醌类染料的结构如下：

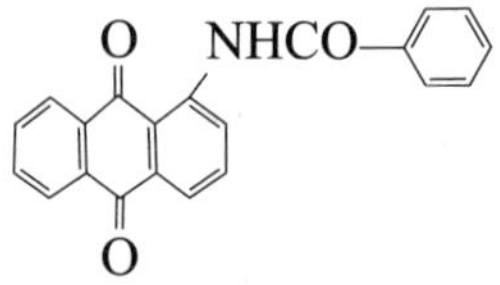

靛系染料的结构如下：

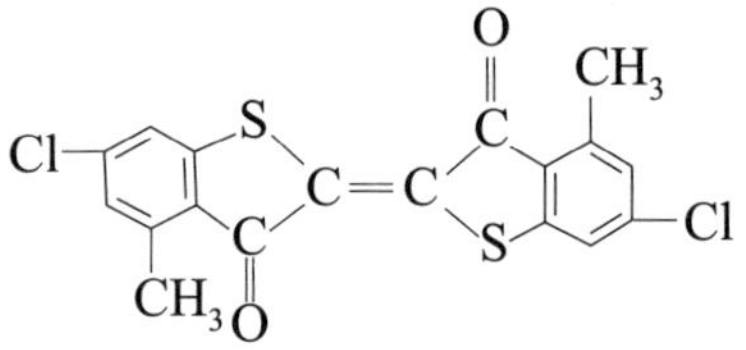

蒽醌类染料具有如下特点：

①有 2 个或 2 个以上羰基。

②没有水溶性基团。

③大多具有很好的平面性。

还原染料不溶于水，如何利用还原染料染色？

引导学生思考：还原过程如何发生？

还原染料的还原过程如下：

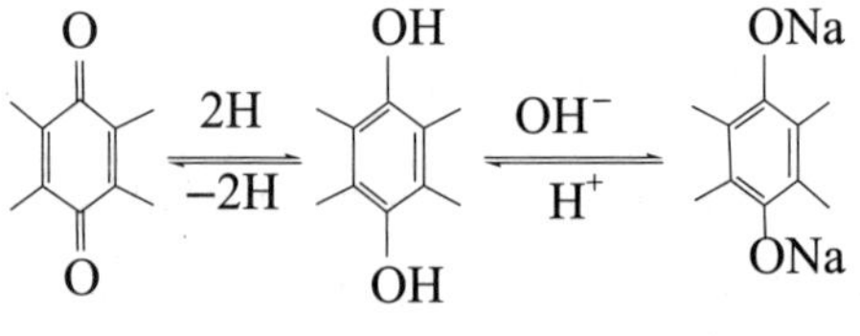

教师解释该流程，并推断手工蜡染的靛蓝染料是如何应用的。

（2）还原染料染色过程和染色机理

还原染料上染包括以下步骤：还原为隐色体→隐色体上染→隐色体氧化→皂煮→完成染色。

染料的还原和溶解过程如下：

蒽醌类还原染料还原为隐色体钠盐的过程如下：

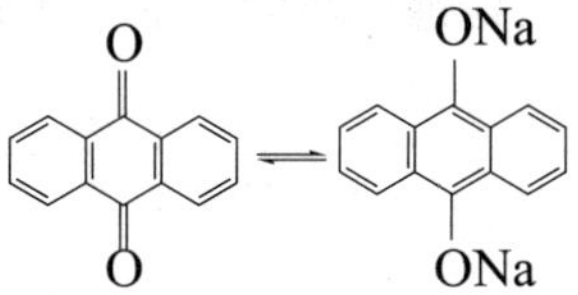

靛族类还原染料还原为隐色体钠盐的过程如下：

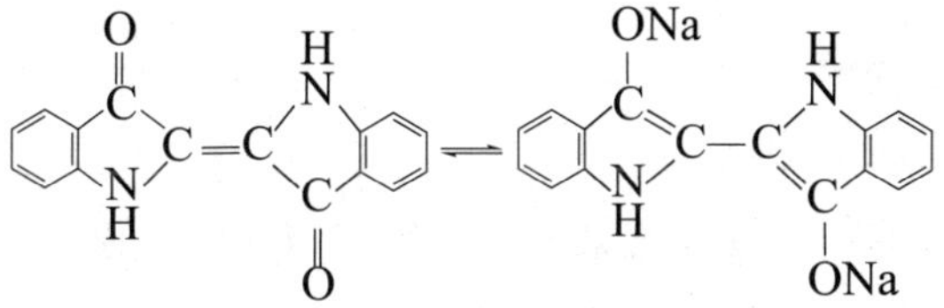

还原染料的隐色体钠盐具有如下特点：

①具有水溶性。

②对纤维具有直接性，从而能达到染色的目的。

学生对比还原染料与直接染料染色的异同点，根据有机化学知识，分析靛族类染料还原和溶解后颜色变化的原因，分析染料对纤维的亲和力变化。

其后，教师向学生介绍影响还原染料还原性的因素、还原染料的还原速率及常用的还原剂（保险粉）和还原方法。

该部分内容主要是对知识的运用，学生利用学过的氧化还原反应知识来分析还原染料的还原过程。教师引导学生思考：植物靛蓝还原染料的还原能否可控，如何控制？教师引导学生认识还原剂：为什么要选用保险粉？有没有更优秀的还原剂？引导学生思考：还原染料的还原方法，如何使用保险粉。）

（3）染料隐色体的上染

染料隐色体浓度太高时，有可能发生隐色体结晶和沉淀现象，不能进行正常染色。染料浓度较高，温度较低，或电解质的浓度较高，就可能析出沉淀。染料相对分子质量大、结构复杂，同平面性好 、共轭性强的染料隐色体在染液中的溶解度较低，会发生显著聚集，影响上染性能。

教师向学生讲解隐色体的上染机理、染色能力及还原染料的分类和染色方法。

3. 还原染料染色方法和工艺

还原染料染色方法包括隐色体隐染、悬浮体轧染、靛蓝染色。

（1）隐色体浸染

教师给出染色处方，由学生动手实践隐色体浸染方法。

工艺流程包括：预还原 → 染色（6 ～ 10 道）→ 水洗（4 道）→ 氧化（4 道）→ 皂煮（4 ～ 6 道）→ 热水洗（两道）→ 冷水洗（1 道）→ 上卷。

任务式教学：如该染色失败了，出现“白芯”、染花了，教师引导学生分析原因，如何解决？

（2）悬浮体轧染

该方法具有如下特点：

①具有较好的匀染性和透染性，改善“白芯”现象。

②对染料的适应性较强，适应于拼色。

③产量高、质量好。

④不适应小批量、多品种生产。

教师给出悬浮体轧染处方，由学生实践悬浮体轧染方法。

工艺流程包括：浸轧染料悬浮体液→烘干→透风（降温）→浸轧还原液→汽蒸→（水洗）→氧化→（水洗）→皂煮→热洗→冷洗→烘干。

任务式教学：在染色后可能出现以下问题：两面颜色不同、表面有色点、前后色差以及左右色差。教师引导学生分析原因，探讨解决问题的办法。

（3）靛蓝染色

靛蓝染料亲和力低、不易染深，要多次反复浸染—氧化。

染色中，染料浓度 2% ～ 2.5% owf，不超过 6g/L，否则染料会聚集形成沉淀。

低温染色（20 ～ 30℃）染色深度由染色次数来决定。

任务式教学：由学生设计牛仔纱线（3 % owf）染色工艺。

（六）教学效果分析

通过各种教学平台、微信、邮箱、调查问卷等形式进行课程反馈，教师及时与学生就难度、教学方式、教学效果等进行沟通交流。在此基础上本课程效果非常显著，无论在知识掌握、能力培养还是价值观构建方面，都让学生获得了非常大的提升。

①学生的知识掌握较为扎实，具有运用所学知识对具体问题进行分析并找出相应解决方法的能力。学生能够运用所学的基础化学理论去理解工业实践问题，解决工程问题。

②时尚服装的引入和课堂辩论环节激发了学生的学习兴趣和提高了学生的思考创新能力。

③实现传授与渗透相结合。教学过程中教师对知识的讲解注重启发性，选取贴近生活、学生感兴趣的案例渗透专业知识和思政元素，让学生从被动地学习转向主动、自觉地学习。

“高分子物理”课程思政的教学体系建设

完成人：马慧玲　审核人：张秀芹

一、课程基本情况

课程名称：高分子物理

授课对象：高分子材料与工程专业大学三年级学生

课程性质：专业课

二、课程简介

（一）课程内容

高分子物理是揭示聚合物的结构及其分子运动共性规律，研究聚合物结构与性能之间关系的一门学科。其主要内容包括：聚合物的基本结构、聚合物的有序态、分子运动和转变、高分子溶液及分子量测定、聚合物的弹性及粘弹性、聚合物的屈服与断裂性能等。其主要任务是使学生掌握有关聚合物的多层次结构、分子运动及主要物理、机械性能的基本概念、基本理论和基本研究方法，学会建立高分子材料结构与性能的对应关系，为从事聚合物的结构设计、改性、加工、应用奠定基础。

（二）课程特点

“高分子物理”作为高分子材料与工程专业的核心课程之一，主要探究高分子的结构、性能及其相互关系。“高分子物理”以有机化学、分析化学、物理化学、大学物理等课程为基础，又为高分子研究方法、高分子加工成型等课程的学习做铺垫。“高分子物理”课程专业性强，原理、定理等相关知识较多，侧重逻辑推导和客观的理论实践。因此，其传统教学通常以专业理论教学为主，往往忽视对学生思想政治方面的教育以及相关价值观的引导，具体表现为重专业、重实践，轻人文、轻思政。随着高分子材料工业的飞速发展，高分子材料作为国民经济和国防建设中的重要基础材料，已渗透多科学、多技术领域。“高分子物理”作为高分子应用的重要专业基础课和理论指导课，开展课程思政教育教学建设尤为重要。

三、课程教学目标

（一）思政目标

培养学生学习创新型思维，让学生了解科技改变生活，增强学科荣誉感、自豪感，增强学生对学校的自豪感和认可度。教师在教学环节注重专业教育和思政教育有机融合，在传授知识的同时，“润物无声”地进行道德引领和价值观塑造。

（二）教学目标

本课程系统地介绍了高分子物理的基本理论和研究方法，通过多种教学方法相结合使学生掌握高分子材料各层次的结构、性能和分子运动规律，并能运用基本观点和原理解决生产实际中的问题。此外，结合专业特色及人才培养目标，深挖“高分子物理”课程内容的德育元素，建立课程思政案例库。

四、课程基本内容及要求

课程基本内容及要求见表 5。

表5 “高分子物理”课程基本内容及要求

课程章节	知识点	课程思政教学知识点
绪论	高分子物理的发展：天然高分子的科学应用	培养学生勇于创新、勇于探索、永不放弃、勇于奉献的精神。 1841 年，固特异（Goodyear）发明橡胶，并获得美国发明专利，获得特殊贡献奖，被誉为“橡胶之父”。 固特异生前写道：“我回顾已经过去的年华，想到工业的每一个分支时，每一个技术或行业建立者和创造者都不应该对自己的付出有什么怨言，即使在创造者们播种，却由他人收割时也应是如此，人的成功不应该单纯地被金钱或者物质衡量。值得人们遗憾的情况只有一种，那就是付出了努力，但最终一无所获。”

续表

课程章节	知识点	课程思政教学知识点
绪论	高分子物理发展的第一个里程碑：高分子的诞生	施陶丁格（Staudinger）追求科学真理，尊重客观，勇于打破传统理论，坚持执着的科学精神。 1920年，施陶丁格发表了论文《论聚合》，宣告了高分子科学的诞生。这一理论动摇了传统的胶体理论的基础，科学家们经过多次论战，严密的实验研究，最终接受这一理论。这体现了真正的科学精神：追求科学的真理，尊重客观的实验事实
	高分子物理发展的第二个里程碑：高分子物理性质与结构关系探索	科学无国界，需要加强国际交流学习。 弗洛里（Flory）是高分子物理性质与结构关系的奠基人。 弗洛里曾于1978年和1979年两度访华，并参加了1979年在北京召开的“中美双边高分子化学及物理学讨论会”，这是在我国首次召开的国际化学学术会议
	为什么要学习高分子物理	学习创新型思维。 让学生了解科技改变生活，增强学科荣誉感、自豪感。 北京服装学院在口罩短缺时，主动承担研发重任，成功研发口罩，增强学生对学校的自豪感和认可度； 高分子在生活中的应用实例
第一章　聚合物基本结构	关于硫化橡胶的发现	1839年固特异在实验中无意发现橡胶和硫磺共热发生聚合，生成二价硫，形成硫链
	口罩采用全同聚丙烯，结晶度高。间同PP结晶度只能达到80%，且成本高	希望同学们能够珍惜时间、学有所得、服务社会和国家。 爱国体现了人们对自己祖国的深厚感情，是调节个人与祖国之间关系的道德要求、政治原则和法律规范，也是民族精神的核心
	Flory–Huggins溶液理论、温度—溶剂条件（θ条件）、高分子的链结构模型、橡胶弹性理论都与弗洛里有关	激发学生从事科学研究或基础科学研究的兴趣。 基础研究的重大突破对提高人们认识世界和改造世界的能力，对高新技术产业的形成、经济发展与社会进步，乃至人们的生活方式，都将产生深刻的影响和引领作用

续表

课程章节	知识点	课程思政教学知识点
第二章　聚合物有序态	单晶形成过程	增强学生民族自豪感，了解科研规律。 2022 年 6 月 16 日，Nature 上发表了一项关于碳家族新材料的研究成果。中国科学院化学研究所的研究人员，在常压下通过简单的反应条件，创制出一种新型碳同素异形体单晶——单层聚合 C_{60}。这种新型碳材料具有结晶度高、热力学稳定性好以及禁带宽度适度等优良特性。这项研究开辟了以碳簇代替原子构筑碳材料的新策略，同时，新制备的碳材料在非线性光学和功能化电子器件方面具有巨大应用前景，在超导、量子计算、自旋输运、信息及能量存储、催化等领域也具有潜在的应用价值
	取向的概念	介绍我国高分子科学家钱人元先生，以增强学生的民族自信心和自豪感。 钱人元童年时期就受到爱国主义教育，立志勤奋学习，走振兴中华之路。在美国留学期间，他为自己安排了独具一格的道路，博采诸家之长，为后来从事边缘学科研究打下了坚实的基础。1948 年，中华人民共和国成立前夕，钱人元毅然回到祖国，满腔热情地投身于祖国科学事业
第三章　聚合物的分子运动和转变	玻璃态、橡胶态、粘弹态	科技强国、民族自豪感、探索创新。 如为神舟七号宇航员舱外服研发的“指套”
第四章　聚合物溶液及分子量测定	聚合物分子量测定	不随波逐流，坚忍不拔的科学精神。 严肃认真，为了追求科学真理，投入缜密的实验研究，尊重客观实验事实
第五章　橡胶弹性及聚合物的粘弹性	不同种类橡胶结构与性能的关系	了解高分子物理与工业发展的关系。 让学生了解学科内容相关的发展史，激发学习兴趣
	聚合物的动态力学相应：滞后与力学内耗	寻找与现实生活密切相关的习题，通过雨课堂线上作答，让学生在掌握高分子物理理论知识的同时，了解如何在现实生活中应用相关知识，培养学生理论联系实际的能力
第六章　聚合物的屈服与断裂	聚合物增韧机理研究进展	高分子物理是一门相对较新的学科，相关理论研究还处在逐渐完善过程中，通过讲解增韧机理研究进展，让学生了解学科特点和发展，并在后续研究中时刻保持批判的精神

五、课程思政教学设计

（一）教学设计

本文以绪论部分为例，探讨课程思政教学设计。

1. 绪论章节的教学内容和学习要求

（1）教学内容

①“高分子物理”课程内容、课程学习方法和学习目的介绍。

②高分子物理学科简史。

③高分子材料的特点，及其在国民经济与高科技领域中的应用。

（2）学习要求

①了解高分子物理学所研究的对象及课程发展历史。

②了解高分子的结构特征、与小分子的不同之处。

③了解该课程在高分子材料科学与工程专业中的地位。

2. 课程思政教学的总体理念和思路

通过对原有知识体系的深入解读、对思政元素的深度挖掘、对学生学术志趣的培养，坚持知识传授、能力培养和价值引领的有机结合，力求将课程思政浸润到高分子物理专业课程建设的每个环节，真正实现课程思政与专业知识传授的同向同行，切实提升育人成效。

3. 总体教学设计

绪论章节作为“高分子物理”课程的第一课，对学生学习智趣的培养具有至关重要的作用。本章主要介绍高分子物理学科简史、高分子材料的特点，及其在国民经济与高科技领域中的应用。这部分内容取材广泛，比较容易融入思政内容。因此，在教学中，教师通过对原有知识体系的深入解读，从课程中每个知识点出发，深度挖掘思政元素，力求实现知识传授、能力培养和价值引领的有机结合。

（二）教学实践

知识点 1：天然高分子的科学应用

介绍固特异发明橡胶的过程，固特异耗费毕生精力发明了硫化橡胶，被公认为“现代橡胶之父”，但这项发明却让他穷困潦倒、疾病缠身，最后甚至中毒身亡。固特异生前写道：“我回顾已经过去的年华，想到工业的每一个分支时，每一个技术或行业建立者和创造者都不应该对自己的付出有什么怨言，即使在创造者们播种，却由他人收割时也应是如此，人的成功不应该单纯地被金钱或者物质衡量。值得人们遗憾的情况只有一种，那就是付出了努力，但最终一无所获。”

通过课堂启发讨论的方式，给学生们讲述一种新型材料从无到有的艰难过程，以及固特异这种勇于创新、勇于探索、永不放弃、勇于奉献的研究精神。

知识点 2：施陶丁格的《论聚合》

介绍高分子物理发展历史上具有代表性的人物“高分子化学之父”施陶丁格的故事，其《论聚合》理论宣告了高分子科学的诞生。一个新理论的提出肯定充满波折，《论聚合》理论的诞生也同样遇到了各种阻力。从最初学者公认的“胶体理论”到“论聚合：高分子物质是由具有相同化学结构的单体经过化学反应，通过化学键连接在一起的大分子化合物”，施陶丁格等科学家们经过科学严谨的实验推导、论证，一次次地论战，以及多领域、多学科学者间的团结协作，才得以确立《论聚合》理论。

通过启发教学，让学生感受到施陶丁格追求科学真理，尊重客观，勇于打破传统理论，坚持执着的科学精神。

知识点 3：高分子物理性质与结构关系的奠基人弗洛里

弗洛里是高分子物理性质与结构关系的奠基人。弗洛里曾于 1978 年和 1979 年两度访华，并参加了 1979 年在北京召开的“中美双边高分子化学及物理学讨论会”，这是在我国首次召开的国际化学学术会议。

通过背景介绍让学生了解科学无国界，任何学科的发展和进度，都需要国际交流学习。

知识点 4：高分子材料种类——塑料、橡胶、纤维、涂料和黏合剂都是高分子材料

很多天然材料通常是高分子材料组成的，如天然橡胶、棉花、人体器官等。人工合成的化学纤维、塑料和橡胶等也是如此。一般称在生活中大量采用的，已经形成工业化生产规模的高分子为通用高分子材料，称具有特殊用途与功能的为功能高分子。从 19 世纪开始，人类开始使用改造过的天然高分子材料。火化橡胶和硝化纤维塑料（赛璐珞）是两个典型的例子。进入 20 世纪后，高分子材料进入了大发展阶段。首先是在 1907 年，利奥·贝克兰德（Leo

Bakeland）发明了酚醛塑料；1920年，施陶丁格提出了高分子的概念；20世纪20年代末，聚氯乙烯开始大规模使用；20世纪30年代初，聚苯乙烯开始大规模生产；20世纪30年代末，尼龙开始生产。在经历了20世纪的大发展之后，高分子材料对整个世界的面貌产生了重要的影响。《时代》杂志认为塑料是20世纪人类最重要的发明。高分子材料在文化领域和人类的生活方式方面也产生了重要的影响。按用途一般将通用高分子材料分为五类，即塑料、橡胶、纤维、涂料和黏合剂。

塑料根据加热后的情况又可分为热塑性塑料和热固性塑料。加热后软化，形成高分子熔体的塑料称为热塑性塑料，主要的热塑性塑料有聚乙烯（PE）、聚丙烯（PP）、聚苯乙烯（PS）、聚甲基丙烯酸甲酯（PMMA，俗称有机玻璃）、聚氯乙烯（PVC）、聚四氟乙烯（PTFE，俗称特氟龙）、聚对苯二甲酸乙二醇酯（PET）。加热后固化，形成交联的不熔结构的塑料称为热固性塑料，常见的有环氧树脂、酚醛塑料、聚酰亚胺、三聚氰胺甲醛树脂等。

橡胶又可以分为天然橡胶和合成橡胶。天然橡胶的主要成分是聚异戊二烯。合成橡胶的主要品种有丁基橡胶、顺丁橡胶、氯丁橡胶、三元乙丙橡胶、丙烯酸酯橡胶、聚氨酯橡胶、硅橡胶、氟橡胶等。

合成纤维是高分子材料的另一个重要应用。常见的合成纤维包括尼龙、涤纶、腈纶聚酯纤维、芳纶纤维等。

涂料是涂附在工业或日用产品表面起美观或者保护作用的一层高分子材料。常用的工业涂料有环氧树脂、聚氨酯等。

黏合剂是另外一类重要的高分子材料。人类在很久以前就开始使用淀粉、树胶等天然高分子材料做黏合剂。现代黏合剂通过其使用方式可以分为聚合型黏合剂，如环氧树脂；热融型黏合剂，如尼龙、聚乙烯；加压型黏合剂，如天然橡胶；水溶型黏合剂，如淀粉。

通过介绍，让学生了解到高分子材料在国民生活中的应用非常广泛，增加学科智趣。

知识点5：高分子材料——口罩熔喷布

口罩熔喷布是典型的聚丙烯材料。结合我校在新型冠状病毒感染初期口罩短缺时，主动承担研发重任，参与国家科学技术部重点研发计划“公共安全风险防控与应急技术装备”、重点专项应急攻关项目“可重复使用防护口罩关键技术及产业化”，建成了北京市首条从聚丙烯熔喷纤维布 → 静电驻极 → 分切成卷 → 杯式口罩复合及定型制作 → 超声波熔接和裁剪的口罩成套试制线，实现了北京服装学院防护口罩的自主试制，过滤效率及阻力达到 N95 水平，助力可重复使用口罩成功研制。从身边的实例入手，增强学生对学科、专业的荣誉感和自豪感，激发其学习热情和使命感。

知识点 6：高分子材料——航天用低温柔性橡胶

2021 年 10 月 16 日，神舟十三号载人飞船带着三名航天员成功从地球出发，成为中国空间站第二批访问者。2021 年 11 月 8 日，王亚平成为中国首位进行出舱活动的女航天员，迈出了中国女性舱外太空行走第一步。这激动人心时刻的背后离不开科技的力量，更离不开高分子材料的发展。航空服中有一些柔软的橡胶材料，由高分子物理知识可知，在太空极低温度情况下，橡胶材料会呈现变脆、“玻璃态”，易碎裂。这时在教学中引入我国沈阳橡胶研究设计院副总工程师常大勇制备超低温橡胶的实例，常总工主持研制了神舟七号宇航员舱外航天服橡胶系列产品，经过数百次的试验，在添加了特殊材料后，橡胶材料突破温度极限，达到了 -160℃的低温标准。这一工作填补了国内空白、打破了国外技术垄断，为我国航天员出舱太空行走做出了主要贡献。通过这一事例让学生了解科技兴国、科技强国，增强学生民族自豪感。

（三）教学反思

“高分子物理”是高分子材料与工程专业的核心课程之一，主要探究高分子的结构、性能及其相互关系。“高分子物理”课程专业性强，涉及原理、定理等相关知识较多，侧重逻辑推导和客观的理论实践。作为高分子专业大学三年级学生的专业基础课，学生刚来上课时都带有一定的为难情绪。通过绪论课程的深入浅出及很多实例讲解，让学生对“高分子物理”课程有了更好的了解，让学生知道高分子材料在国民生活中具有广泛的应用，未来大有可为，激发学生的学习兴趣。

但目前“高分子物理”课程思政教学还存在一定的难度，主要是进入正式课程后，高分子物理的学科特点更为明显，原理、定理、公式推导的内容比较多，这些内容不太容易融入思政元素。目前，我们通过优化教学模式，增加学生自主学习，加入更多课堂讨论的方式，增加学生对本学科的学习兴趣。具体方法：其一，采用混合式教学。在授课过程中，充分利用雨课堂平台的随堂测验、随机点名、弹幕、录屏、线上作业等功能。其二，采用翻转课堂方式教学。设计 1 ～ 2 个相对独立且实际应用较广泛的知识点，开展翻转课堂的教学。学生课后通过阅读书籍、查阅文献、看视频讲座等方式先进行自主学习，课堂上教师采用着重讲解知识点、引导讨论、协作互动等方式帮助学生更好地完成学习和加强理解。如针对“浅谈高分子材料在‘满足人民美好生活需要’方面发挥的作用”这一话题展开小型研讨，让学生能够将高分子知识和生活相结合，深入思考，学有所用。

今后，我们会进一步优化“高分子物理”的课程思政体系，在课程思政总方针的指导下，将思政元素融入教学。通过教学手段的改革，切实有效地提高学生的“抬头率”和课堂“吸收率”，提升学生的学业成绩和专业兴趣，将来更好地为社会服务。通过改革考核方法，拓宽学生的知识面，提高学生对专业历史、背景、应用领域等方面的了解和掌握，增强学生专业自豪感，将学生培养成爱国、有技术、有情怀、有担当的新一代青年。

“高分子化学”课程绪论章节的思政教学设计

完成人：马涛　审核人：张秀芹

一、课程基本情况

课程名称：高分子化学

授课对象：高分子材料与工程专业大学三年级学生

课程性质：专业课

二、课程简介

“高分子化学”课程为高分子材料与工程专业开设的专业基础课。本课程的教学目的是使学生掌握高分子化合物的合成反应原理、反应特征和控制方法，培养学生运用基本高化原理分析和解决高分子合成与反应相关问题的能力。

本课程以聚合反应机理为主线，重点讲解通用聚合物的制备方法、聚合反应原理（机理）及其反应动力学，适当兼顾与结构、性能及应用等方面的联系。其指导思想是以聚合反应和聚合物化学反应作为主线，剖析聚合反应的一般规律，瞄准机理和反应动力学两个核心，使学生形成“合成—结构—性能—应用”的整体概念。主要内容包括绪论、自由基聚合、自由基共聚合、逐步及缩聚反应、聚合方法、离子聚合、开环聚合、配位聚合及聚合物化学反应等。

本课程使用国家级优秀教材《高分子化学》（第五版）[1]。

---

[1] 潘祖仁．高分子化学 [M]. 5 版．北京：化学工业出版社，2011.

三、课程教学目标

（一）思政目标

通过课程中的思政案例，学生掌握高分子学科基础知识的同时，做到与思政教育同向同行，发挥课堂育人的目的，让学生学到一些做事、做人的基本道理；学生能够认识到学好专业知识的重要性，自觉担负起民族复兴的历史责任。

（二）教学目标

“高分子化学”课程以立德树人为根本指导思想，以准确的教学内容为载体，通过多种教学方法实现培养高素质专业人才的目的。在主观思想能动性上，培养学生喜欢科学、勤于思考、积极进取的精神；在专业知识上，让学生牢固地掌握高分子化学的基础知识，学会分析问题的思路和方法，提高解决问题的能力。

课程目标 1：掌握高分子的基本概念，高分子化合物的合成反应原理、反应动力学、热力学、聚合反应实施方法等专业基础知识和理论，用于推演、分析高分子材料类复杂工程问题。

课程目标 2：掌握高分子的链结构形成与合成反应的基本规律，结合其他课程的分析手段，从分子合成角度分析高分子材料工程问题并提出解决路径。

课程目标 3：能够综合运用高分子合成方法、聚合反应过程控制和聚合物结构设计理论，根据实际合成问题的要求，设计高分子合成路线、选择合成方法，并评价合成方案的可行性。

课程目标 4：在理解与掌握高分子化学的概念和原理的基础上，能自主获取相关文献与信息，理解并跟踪高分子材料领域及相关技术的发展趋势与成果，具备终身学习及持续更新专业知识的能力。

四、课程基本内容及要求

“高分子化学”课程教学中以教师为主导，在课堂讲授中引入思政案例，配合专业教学，在达到专业教学目标的同时引导学生思考背后的道理。课程思政元素见表 6。

表6 “高分子化学”课程思政元素

课程章节	知识点	课程思政教学知识点
第一章 绪论	“大分子链”学说	实践是检验真理的唯一标准
	高分子化学发展	人类通过实践认识改造客观世界，掌握其规律，这样人类文明才能进步
	聚合物分类	中国化纤发展历史及北京服装学院发展历史
	高分子化学的诺贝尔文学奖	通过聚乙炔的发现史，思考该如何对待失败
第二章 自由基聚合	单体聚合选择性—电子效应	结构决定性质，透过现象看本质
	单体聚合选择性—位阻效应	小错误积攒下来会导致大错误
	原子转移活性聚合	中国人对高分子化学的贡献
第四章 聚合方法	悬浮聚合	北京服装学院学子参加全国高分子材料创新创业大赛的故事
	乳液聚合	废液的循环利用、绿色环保理念
第五章 逐步聚合和缩聚	重要缩聚物	北京服装学院聚酯研究成果 可降解聚酯解决白色污染问题，增强环保理念
第七章 配位聚合	丙烯配位聚合	北京服装学院研发口罩的作用

以学生为中心，指导学生撰写综述论文，将高分子材料领域的前沿、热点领域进行总结归纳，筛选出具体方向，让学生根据兴趣选择其中的方向，进行文献资料检索和总结，完成课后综述作业。有意识地引导学生将课堂知识和学科前沿相结合，培养学生的创新思维，激发学生的学习兴趣。部分综述题目见表 7。

表7 “高分子化学”课程综述题目举例

课程章节	知识点	综述题目
第四章 自由基共聚合	共聚物应用	三种聚烯烃共聚物的工业化制备方法、工艺、结构与性能
第五章 逐步聚合和缩聚	重要缩聚物	涤纶的制备、结构与性能和发展方向
第六章 离子聚合	阴离子聚合机理	SBS 的设计合成及其结构性能

续表

课程章节	知识点	综述题目
第八章　开环聚合	己内酰胺阴离子聚合	简述和比较聚酰胺 66 和聚酰胺 6 的合成方法
	开环聚合典型代表	环氧树脂的合成、制备原理和固化，以及未来发展前景

五、课程思政教学设计

（一）教学设计

讲授课程：高分子化学。

章节名称：第一章绪论。

课程阶段：高分子化学第一讲。

授课专业：高分子材料与工程。

1. 课程主要内容（依据教学大纲）

①高分子的基本概念（思政案例："大分子"学说建立）。

②聚合反应分类及比较（思政案例：高分子化学是实验学科）。

③聚合物的分类（思政案例：导电高分子发现史）。

④聚合物的命名。

⑤相对分子质量和相对分子质量分布。

⑥高分子科学和工业的发展简史（思政案例：北京服装学院建校史，中国化纤发展历史）。

2. 重点与难点

教学重点：施陶丁格的"大分子链"学说，聚合物的三大特征。

教学难点：施陶丁格的"大分子链"学说，聚合物的三大特征，聚合物分子量与分子量分布，结构单元、重复单元和单体单元。

3. 课程目标

①了解"大分子链"学说以及高分子化学中的诺贝尔奖。

②掌握基本的高分子基础概念级聚合物特征。

③掌握聚合反应类型和聚合物分类。

④掌握高分子分子量与分子量分布。

⑤了解高分子工业的发展简史。

4. 思政育人目标

①以施陶丁格与“小分子缔合物”学说派的斗争，提出“大分子链”学说，并得到公认建立高分子化学专业的思政案例，加深学生对聚合物特征的理解。同时使学生知道实践是检验真理的唯一标准，化学实验就是高分子化学的实践过程。高分子化学对客观世界不断地实践，总结出客观规律，推动了学科的发展和人类文明的进步。这也是人类文明进步的规律。

②以导电高分子材料聚乙炔的偶然发现过程为思政案例，在学生掌握导电高分子材料特点的同时也告诉学生们量变引起质变的道理，同时在科学实践中会有很多失败的情况存在，从而引发学生产生对如何面对失败的思考。

③通过北京服装学院建校和发展史的思政案例，学生在掌握高分子材料分类的同时也对学校加深了了解，增强了自豪感和归属感。

④以新中国化纤产业从零开始发展至化纤大国的思政案例，在学生了解新中国高分子工业发展史的同时也使学生对新中国发展史有一定的了解。同时使学生知道这一伟大成就是在中国共产党的领导下完成的，懂得中国离不开中国共产党领导的道理。

5. 课程思政教学总体理念和思路

①课程特色以及本章节的重要性。“高分子化学”课程为高分子材料与工程专业开设的专业基础课。本课程的教学目的是使学生掌握高分子化合物的合成反应原理、反应特征和控制方法，培养学生运用基本高化原理分析和解决高分子合成与反应相关问题的能力。

第一章绪论是“高分子化学”课程的开篇，授课群体为高分子材料与工程专业的大学三年级学生，也是他们第一次接触高分子专业的内容，所以绪论部分非常重要，主要有两个作用：一是初步建立高分子聚合物的基本概念，高分子聚合物较学生以前学习的有机小分子有着非常鲜明的特点，初学者理解难度较大，而这一部分又对后期学习至关重要。二是引发学生对专业的兴趣。所以绪论的教学非常重要，而课程思政案例的引入是保证教学效果的强有力的方式。

②课程思政育总体理念。我国的高等教育进入了新时代，立德树人是新时代赋予高等教育的根本任务。把马克思主义的基本理论融贯于专业课程教学全

程，挖掘专业课程思政元素，创新教育形式，主动对学生开展思想教育，实现知识传授和能力培养是对专业课教师提出的新要求。专业课的课程目标就应该是以立德树人为根本指导思想，以准确的教学内容为载体，通过多种教学方法培养高素质专业人才。

作为一名专业教师，特别是自然科学的专业教师，笔者对于专业课的课程思政教学经历了一个从抵触到盲从再到主动尝试的思想转变过程。大学的专业教学与中小学的教学不同，学生来大学学习也是一个从得到“鱼”到学会“渔”的过程。大学教育的目的是使学生通过专业课的学习掌握学习方法，从校园生活学会未来到社会上该如何做人做事。所以大学专业学习是目的，更是手段。在明晰这个道理后，对专业思政的抵触自然也就消除了。

③课程思政育总体思路。首先，不能将专业教育与思政教育割裂开来，不能出现“两张皮”现象。思政教育不能生搬硬套，否则会影响教学效果，甚至会影响高分子化学专业课的形象，产生负面影响，使学生产生抵触心理。其次，专业教育与思政教育要尽可能有机融合，教师需要对思政案例精挑细选，既符合知识点的需要，又要有一定的影响力。教师讲授时需要掌握引入时机，做到不留痕迹地引入，争取做到“润物细无声”。最后，专业教育与思政教育在学时分配上要有主次，专业课不是思政课，还是以专业内容为主，思政内容是为了加强专业内容教学的效果，并延伸专业内容以引发学生的思考。

④课程思政育总体教学设计。本章是以介绍为主的章节，知识点较多，难度不大，教学目的就是使学生掌握聚合物的特征、聚合物的基本概念、聚合物与日常生活的关系以及高分子工业发展史。结合上述目的，本章在聚合物的特征、聚合物结构、聚合物与日常生活的关系和高分子工业发展史四个知识点中分别融入四个思政案例。

（二）教学实践

1. 案例一实施过程

①教学内容：聚合物的三大特征、“大分子链”学说和高分子学科的建立。

②教学方法：教师结合 PPT 和教具进行讲授，并就三大特征进行板书，布置课后作业。

③教学过程：教师提出聚合物的三大特征，并对其进行阐述，并与小分子进行比较。再进一步讲解三大特征由来的时候，引入思政案例一。

④思政案例落实与开展：聚合物的三大特征是高分子聚合物所特有的，三大特征来自施陶丁格提出的“大分子链”学说。通过这个思政案例有助于学生掌握三大特征、了解高分子化学学科建立过程，增加了专业知识的生动性，其背后也彰显了实践理论和客观世界发展的规律。

2. 案例二实施过程

①教学内容：导电高分子、高分子历史的诺贝尔奖。

②教学方法：教师结合 PPT 进行讲授，现场提问。

③教学过程：教师讲授聚合物的结构特征，指出聚合物是绝缘体，所以市售绝缘产品大部分为高分子产品。此时教师提出两个问题：其一，高分子材料是否导电？其二，如果导电，导电聚合物结构特点是什么？ 学生回答完毕后，教师公布正确答案，随后引入思政案例二。

④思政案例落实与开展：2000 年，诺贝尔化学奖授予白川英树等三位科学家，以表彰他们在导电高分子材料上的杰出贡献。聚乙炔是第一种导电高分子材料，它的发现和合成工作是经历了大量失败之后的偶然过程，通过本案例告诉学生量变引起质变的道理，在科学实践中会有很多失败的情况存在，从而引发学生思考如何面对失败。

3. 案例三实施过程

①教学内容：聚合物分类、纤维。

②教学方法：教师结合 PPT 进行讲授，展示纤维实物、现场提问。

③教学过程：高分子学科与实际是息息相关的，为了加深学生对高分子学科的认识和兴趣，教师结合实际讲解聚合物的分类，介绍纤维，随后引入思政案例三。

④思政案例落实与开展：北京服装学院于 1959 年为了解决老百姓穿衣需求而建立，经过 63 年的发展经历不同的阶段，这背后也显示百姓从物质需求向精神需求的发展过程，也是国家经济发展和改革开放所带来的成果，北京服装学院在其中作出巨大贡献。通过本案例激发学生对学校和专业的归属感和自豪感。

4. 案例四实施过程

①教学内容：新中国高分子专业发展历程。

②教学方法：教师结合 PPT 进行讲授。

③教学过程：新中国的高分子工业没有丝毫的基础，到目前发展到高分子产品大国。随后引入思政案例四。

④思政案例落实与开展：中国化纤产业从零开始发展至今日成为化纤大国，从而使学生对新中国发展史有一定的了解。同时使学生知道这一伟大成就是在中国共产党的领导下完成的，懂得中国离不开共产党领导的道理。

（三）教学反思

1. 效果分析

本课程将思政元素案例引入专业课堂的尝试仍在持续改进，根据学生课堂反馈情况也取得了一定的效果。过去这部分内容专业性较强，仅是知识点的罗列，课堂略显枯燥，学生第一次接触高分子，不一定能取得教师希望的教学效果。引入思政元素案例则提高了各知识点的生动性，并将理论与实际结合起来，大大提高了学生对专业课程的学习兴趣，加强了教学效果。

2. 存在的实际困难与问题

目前，思政教育与专业教育存在的实际困难主要是融合的问题：如何做到润物细无声，杜绝“两张皮”？在实际教学中有时会出现“专业内容是一块，思政案例是一块”的隔离情况，专业课变成“专业课 + 班会”。所以还需要教师在备课中多多花费心思，仔细揣摩，做好预案和教学设计，做到更加自然地引入思政案例，而不是“为了思政而思政”。

同时思政案例更多的是对专业内容的支撑，不是专门的思政课，教师要区分主次关系，保证知识点的传授。对于学生则要杜绝说教的方式，而是引导学生思想，让学生自己想、自己领悟，这样效果会更好一些。

3. 专业课思政教学改进思路

课程思政教学是一个长久的话题，也在不断改进之中。专业课教师具有良好的专业素质，但是还需加强思政基本功及教学基本功。首先，教师需要在备课和教学设计中多下功夫，多学习优秀专业课思政的案例。其次，教师还可以引入多种的教学辅助手段，如将思政案例做成视频，更加直接生动。最后，在课后作业的布置中，教师也可以融入少部分思政方面的作业，让学生谈体会、说感想。总之，自然科学类学科专业课的思政教学是一个巨大的挑战，同时也是提升专业教学效果的好方法，如此专业课在育人工作中将起到更大的作用。

“高分子化学及物理”课程思政教学的探索与实践

完成人：张梅　审核人：张秀芹

一、课程基本情况

课程名称：高分子化学及物理

授课对象：轻化工程专业大学三年级学生

课程性质：专业课

二、课程简介

“高分子化学及物理”是轻化工程专业大三学生的专业课，通过本课程的学习使学生掌握高分子化学和高分子物理的基本理论知识。掌握课程内容对后续专业课程“纤维化学与物理”“染整工艺原理”等的学习至关重要，为其在未来染整加工中的应用奠定基础。本课程秉承“以人为本”的核心教育教学理念，结合轻化工程专业的培养目标，制定课程目标，旨在使学生通过系统学习，全面地认识和理解高分子化学及物理的基本理论，树立正确的科学观、世界观，并具备一定的分析、解决高分子化学及物理问题的能力和初步应用知识的能力，同时为学习后续课程打下必要的和坚实的理论基础；通过在知识传授中融入科学方法教育，增强学生的科学观察和思维的能力以及独立获取知识的能力；通过融入双重文化（科学文化与人文文化）教育，培养学生的求实精神、探索精神与科学美感，激发学生的创新欲望，促进其知识、能力、素质协调发展，成为全面发展的创新型人才。

三、课程任务和教学目标

本课程系统地介绍了聚合物的制备方法、聚合反应原理（机理）及其反应动力学，以及高分子物理的基本理论和研究方法，通过多种教学方法相结合使学生掌握高分子的合成方法，高分子材料各层次的结构、性能和分子运动规律，并能运用基本观点和原理解决染整加工中的问题。此外，本课程还结合专业特色及人才培养目标，深挖“高分子化学及物理”课程内容的德育元素，注重专业教育和思政教育有机融合，在传授知识的同时，润物无声地进行道德引领和价值观塑造。同时，通过自主科研，教师积极参与指导相关大创项目、校际合作项目、北京市实培计划项目等，提升学生“三创”素质，充分发挥课程的育人功能。

四、课程基本内容及要求

“高分子化学及物理”课程包括高分子化学和高分子物理两部分，表 8 为高分子物理部分教学内容。

表8 “高分子化学及物理”课程高分子物理部分课程基本内容及要求

课程章节	知识点	课程思政教学知识点
绪论	高分子科学发展简史	介绍高分子材料在国民经济中的重要作用，相继提出问题：高分子科学发展始于哪里？究竟如何发展的？由此引出：一是固特异首次发现橡胶硫化；二是高分子材料的工业应用，科技自强自立教育；三是高分子科学发展中获诺贝尔奖科学家的科学故事和科学家精神教育
第一章　高分子链的结构	高分子链中基本概念	根据主链可将高分子分为三类：碳链高分子、杂链高分子、元素高分子。具体分析链结构时，举例介绍对应的各类代表性高分子及其开发历程，强调科技创新
第二章　高分子的溶液及分子量	高分子的溶解	高分子溶液是生产实践和科学研究均要碰到的问题，介绍高分子的溶解特性及分子量测定。由此引出：一是高分子合成和生产过程中溶剂的合理选择；二是“三废”处理，树立绿色可持续发展观
第三章　聚合物的分子运动与转变	等粘理论	介绍玻璃化转变理论，引出该理论的发展过程，不同时期出现不同机理解释，说明遇到问题和已有“机理”要用辩证思维看待，追求真理，具有开拓进取精神

续表

课程章节	知识点	课程思政教学知识点
第四章　橡胶弹性及聚合物的粘弹性	橡胶弹性、应力松弛和蠕变	介绍橡胶弹性知识点，举例硅橡胶应用，引出疫情之下我校研发团队参加了科技部重点研发计划专项项目，建成北京市首条口罩成套试制线，实现防护口罩的自主试制，以及北京化工大学自主开发硅橡胶口罩。 介绍聚合物粘弹性知识点——应力松弛和蠕变现象，以及线性粘弹模型中 Maxwell 模型和 Kelvin 模型，引出相应发现者的科学故事
第五章　高分子的凝聚态结构	结晶聚合物模型、取向结构	介绍结晶聚合物模型时，提出 X 光衍射在结晶聚合物的结构表征中的重要作用，引出治学严谨的物理学家伦琴（Wilhelm Konrad Rontgen，1845—1923）细致观察发现 X 射线的故事，引导学生探索未知、敢于创新和精益求精的精神。同样，许多学者都发现了相应现象，但都没有深入思考，与 X 射线擦肩而过。但也要指出，X 射线具有较强的穿透能力，有举足轻重的作用和危害性，对待事物要辩证来看。 介绍聚合物的结晶结构和取向结构知识点时，进一步讲解聚合物结构的精确调控方法，引导学生培养吃苦耐劳、精益求精的工匠精神
第六章　聚合物的屈服与断裂	应力—应变曲线	介绍聚合物应力—应变曲线时，举例说明高性能纤维拉伸特性的异同及其重要应用，涤纶、芳纶、聚酰亚胺纤维、碳纤维等及它们背后的故事，增强民族自豪感，引导学生注重科技创新、科技自强自立和不断探索进取的精神

五、课程思政教学设计

本文以绪论部分的教学为例，本部分课程教学设计如表 9 所示。

表9　"高分子化学及物理"课程思政教学设计

课程名称	高分子化学及物理	授课专业	轻化工程	课程性质	必修
案例名称	高分子科学发展简史及定义		所在章节	第一章　绪论	
知识点	高分子科学发展简史及定义				
教学目标 / 育人目标	①结合高分子科学发展历程，介绍高分子材料的重要性、主要分类及高分子的定义，说明课程的学习对象及学习内容的重要性，以及与轻化工程专业的相关性，掌握课程内容对后续纤维化学与物理、纺织品染色、印花及功能整理等专业课程的学习至关重要。				

续表

<table>
<tr><td>课程名称</td><td>高分子化学及物理</td><td>授课专业</td><td>轻化工程</td><td>课程性质</td><td>必修</td></tr>
<tr><td>案例名称</td><td colspan="2">高分子科学发展简史及定义</td><td>所在章节</td><td colspan="2">第一章　绪论</td></tr>
<tr><td>知识点</td><td colspan="5">高分子科学发展简史及定义</td></tr>
<tr><td>教学目标 / 育人目标</td><td colspan="5">②课程通过多种教学方法相结合使学生掌握高分子的合成方法，高分子材料各层次的结构、性能和分子运动规律，并能运用基本观点和原理解决染整加工中的问题。在专业知识培养中的品德塑造，有助于把学生培养为材料、纺织、染整领域的栋梁之材，满足当今相关领域发展的人才需求。
③结合高分子科学发展简史，突出展现两点：一是高分子材料在国民经济中的重要作用，详细介绍高分子材料的发现以及它们的实际应用；二是高分子科学发展过程中，众多科学家做出了巨大贡献以及伟大的科学家精神。使学生可以通过高分子科学发展简史认识到课程学习的重要性，以及科学素养在其科学创新与发现中能够发挥重要作用。通过分析代表性高分子材料背后的故事以及高分子科学发展过程中获得诺贝尔奖的科学家的科学家精神，强调高分子材料的迅猛发展对人类社会文明进步产生巨大的推动作用以及给人类的生活方式所带来的巨大影响与变化，使学生敢于创新、勇于探索、坚持科学真理等，这也是科学创新与发展所不可缺少的品质与精神，提高学生学习主动性，促使学生提升自身科学素养，树立报效祖国、奉献社会的远大理想与抱负</td></tr>
<tr><td>教学内容</td><td colspan="5">本章主要内容：高分子科学发展简史、高分子的基本定义。共四个环节。
第一个环节：提出问题引出案例
介绍高分子材料在国民经济中的重要作用，相继提出问题：高分子科学发展始于哪里？究竟如何发展的？
由此引出：固特异首次发现橡胶硫化；代表性高分子材料的工业应用，科技自强自立教育；高分子科学发展中获诺贝尔奖的科学家的科学故事和科学精神教育。
第二个环节：科技创新教育
1839 年，固特异将硫磺与天然原胶共热，天然橡胶硫化的第一次实现，标志着人们已经能够从大自然获取高分子材料。
在科学家卡罗瑟斯研究基础上，杜邦公司开始生产聚酰胺纤维，使纺织品的面貌焕然一新。后来众多芳香族聚酰胺纤维被开发，如 Kevlar 纤维，成为新型高科技合成纤维，逐渐广泛应用于军用高性能防护纺织品领域。
1899 年，酚醛树脂的首次合成，开启了人工合成高分子的时代。
1941 年，由有机二元酸和二元醇缩聚而成的聚酯经纺丝制得涤纶，简称 PET 纤维，成为合成纤维的第一大品种，作为纺织服装面料具有优异的抗皱性和保形性。
1951 年，生活随处可见的家用电器外壳用高分子材料 ABS，充分说明高分子材料的重要性及高分子工业的蓬勃发展。
通过对上述代表性高分子材料及背后故事的介绍，说明科技创新的重要性。当今世界正经历百年未有之大变局，科技创新是其中一个关键变量。在课堂教学中，培养学生的探索未知、开拓进取和敢于创新精神，引导学生将来以创新为支撑贡献自己的力量，树立新时代社会责任感和使命感。</td></tr>
</table>

续表

<table>
<tr><td>课程名称</td><td>高分子化学及物理</td><td>授课专业</td><td>轻化工程</td><td>课程性质</td><td>必修</td></tr>
<tr><td>案例名称</td><td colspan="2">高分子科学发展简史及定义</td><td>所在章节</td><td colspan="2">第一章　绪论</td></tr>
<tr><td>知识点</td><td colspan="5">高分子科学发展简史及定义</td></tr>
<tr><td>教学内容</td><td colspan="5">第三个环节：科学家精神教育
科学家精神在高分子科学的诞生历程中体现得淋漓尽致，教师在此可培养学生坚持科学理性、求真务实。1920 年，德国物理化学家施陶丁格首先发表了《论聚合》，提出高分子为长链结构。当时该观点受到整个科学界的质疑，而施陶丁格始终坚持自己的观点，直到血红蛋白的分子量被测出，事实面前研究者们接受了高分子的概念，他也最终在 1953 年获诺贝尔化学奖。事实说明真理面前要大胆质疑和勇于维护。学生在实际参与的大学生创新创业项目中，也要保持科学理性和大胆质疑的态度。
在 20 世纪 50—60 年代，Ziegler-Natta 催化剂的发现，促进了聚烯烃催化聚合理论和工业制造的蓬勃发展。
2000 年，发现导电高分子的诺贝尔化学奖获得者的三位科学家来自不同国家，由于学术交流而合作研究，最终获得重大成果。
课程绪论部分蕴含着丰富的科学家精神的思政元素，适合推进课程思政建设。
第四个环节：价值观与人生观培育
通过展现高分子科学发展简史中代表性高分子材料的发现及重要应用，以及高分子科学诞生历程中的科学家精神，分析讨论高分子科学的社会意义与价值及其在轻化工程专业学习的重要作用，从而引出高分子定义知识点。
正是有了这些伟大的发现，对人类社会文明进步产生巨大的推动作用，以及给人们的生活方式所带来的巨大影响与变化，激励学生敢于创新、勇于探索、坚持科学真理，增强学生学习的兴趣和主动性，提升自身的素养，树立报效祖国、奉献社会的远大理想与抱负。
通过对绪论的学习，学生了解课程的学习对象及学习内容的重要性，以及与轻化工程专业的相关性，掌握课程内容对后续纤维化学与物理、纺织品染色、印花及功能整理等专业课程的学习至关重要。在专业知识培养中的品德塑造，有助于把学生培养为材料、纺织、染整领域的栋梁之材，满足当今相关领域发展的人才需求</td></tr>
<tr><td>教学反思</td><td colspan="5">从课堂教学实际情况分析，相较于课程后面的内容，本节内容易理解，蕴含很多课程思政元素，适合推进课程思政建设。但本章属于课程开始章节，需要掌握好课程思政融入的“度”，不能面面俱到，要在教学过程中悄无声息地开展，从而承担起立德树人的职责，实现课程的育人功能</td></tr>
</table>

纤维科学与艺术设计中的课程思政教育

完成人：张长欢　审核人：张秀芹

一、课程基本情况

课程名称：纺织纤维科学

授课对象：高分子材料与工程专业（纤维与时尚设计实验班）大学二年级学生

课程性质：学科基础课

二、课程简介

本课程是高分子材料与工程专业（纤维与时尚设计实验班）的学科基础课。纤维与时尚设计实验班依托材料学、纺织科学与工程、设计学等学科专业，采用“艺工融合”的培养模式，旨在培养既具有工程技术背景又能够进行产品设计开发的复合型人才。本课程是一门必修课，共24学时，1.5学分，学生群体为具有工科背景的大学二年级本科生，课程旨在使学生学习纤维与时尚设计概论课程的基础上，进一步学习常用纺织纤维的结构与性能，掌握纤维的结构与性能之间的关系；理解纺织纤维与纺织品的关系，掌握纺织纤维的结构与性能对纺织品性能的影响；理解纺织纤维在艺术设计中的作用和地位，观摩纺织纤维的艺术设计作品，能够灵活运用纤维材料进行设计实践应用。本课程的特色是力求将纺织纤维科学和艺术设计实践融于一身，实现以学生为中心的人才培养机制，加强学生“艺工融合”的思维模式。为加强育人目标，树立“课程承载思政”和“思政寓于课程”的育人理念，将教学内容进行逐一细致的梳理，将思政教育巧妙地融入专业教育中，以实现“三全育人”，培养德、智、体、美、劳全面发展的社会主义建设者和接班人。

本课程教学中使用的参考书目包括蔡再生主编的《纤维化学与物理》(第2版)、杭伟明主编的《纤维化学及面料》、肖长发主编的《化学纤维概论》(第3版)、邢远声等编著的《纺织新材料及其识别》(第2版)、姚穆主编的《纺织材料学》(第4版)、何建新主编的《新型纤维材料学》、朱平主编的《功能纤维及功能纺织品》(第2版)、西鹏主编的《高技术纤维概论》(第2版)、陈玲编著的《纤维艺术设计与制作》、姜然和白鑫编著的《纤维艺术设计》。

三、课程教学目标

(一)思政目标

课程思政建设的核心目标是寓价值观引导于知识传授和能力培养，在课程教学中把马克思主义立场、观点、方法的教育与科学精神的培养相结合，运用可以培养大学生理想信念、价值取向、政治信仰、社会责任的题材与内容，将思政元素与专业知识点全方位对接，采用恰当的教学方法，将思政教育巧妙地融入专业教育中，增强学生的创新意识、团队合作意识，提高学生正确地提出问题、分析问题和解决问题的能力，在使学生掌握专业知识的同时，激发学生的家国情怀、文化自信、使命担当等，促使学生建立正确的世界观、人生观和价值观，实现知识技能培养与“三观”塑造的协同育人培养目标。

(二)教学目标

高分子材料与工程专业(纤维与时尚设计实验班)旨在培养具有工程技术与产品设计开发能力交叉融合的复合型人才，“纺织纤维科学”课程作为学科基础必修课程，为学生未来从事纺织领域的产品设计开发、教学、科研等工作提供理论与实践基础。课程核心内容包括纺织纤维的相关知识、纺织纤维的鉴别、纤维在艺术设计中的应用。通过本课程的学习让学生了解纤维的发展历史及发展趋势，了解纺织纤维在产品设计中的作用和地位，掌握市场上常用纤维的种类、结构和性能，掌握纤维结构、性能与纺织品、服装性能的关系，掌握纺织纤维材料对纤维艺术设计的影响及其在艺术设计实践中的应用表现，从可持续发展的角度，让学生进一步理解并掌握纤维结构、性能及其与纺织品、服装的关系，注重理论联系实际，使学生具备认识、分析和使用各种纺织纤维的基本能力。本课程由理论部分和实践部分组成，通过理论学习，使学生系统地掌握纺织用纤维原料的结构与性能等，以及常用的纤维鉴别方法；结合市场调研、参观展览，培养学生综合运用不同的纤维材料进行产品创新设计与开发的能力，提高学生的专业素养，增加学习兴趣，培养“艺工融合”思维模式。

四、课程基本内容及要求

本课程基本内容及要求见表10。

表10 “纺织纤维科学”课程基本内容及要求

课程章节	知识点	课程思政教学知识点
第一章 绪论	纺织的含义； 纺织纤维与纺织品； 纤维材料与纤维艺术设计	冬奥服装、国庆庆典服装案例 （科学精神、文化自信）
第二章 纤维的结构和性能	纺织纤维的结构； 纺织纤维的基本性能	结构与性能之间关系 （辩证唯物论）
第三章 天然纤维	纤维素的结构和性质，棉纤维、麻纤维的发展历史、组成、结构、性能和应用； 蛋白质的结构和性质，羊毛纤维、蚕丝纤维的发展历史、组成、结构、性能和应用	中国已发展成为世界棉纺织的中心； 从“麻”看中国纺织业的辉煌与传承； 夏布——中国的国家级非物质文化遗产之一——“传承非遗之粹”； 中国的丝绸文化源远流长——从丝绸之路到“一带一路”； 我国独特的丝绸服饰文化； 从羊毛衫到羽绒服，百年冬奥服装史，是为运动也是为时尚 （文化自信、民族自信、工匠精神、家国情怀）
第四章 化学纤维	再生纤维的发展概况以及再生纤维素纤维的生产加工方式，常用再生纤维的组成、结构、性能和应用； 合成纤维的发展概况以及生产加工方式，合成纤维的结构、性能和应用	绿色纤维——我院的聚乳酸纤维研发及产品设计； 化纤发展——从“中国制造”到“中国创造”； “的确良”——一个彩色时代的开始； 丙纶——助力抗击病毒 （生态意识、科学精神、政治认同、家国情怀、历史认同）

续表

课程章节	知识点	课程思政教学知识点
第五章　新型纤维	新型纤维品种、应用及性能	通过冬奥服装等案例剖析引入品种介绍； 阻燃纤维——我院的安全防护的阻燃聚酯纤维的研发及产品设计 （创新精神、以辩证唯物主义科学发展观看待技术的发展）
第六章　纤维鉴别	常用的纤维鉴别方法	纤维鉴别技术创新的重要性 （严谨的科学态度，以辩证唯物主义科学发展观看待技术的发展）
第七章　艺术与设计实践中的纤维材料应用	纤维材料在设计实践中的应用	废旧纤维材料、绿色纤维材料的使用介绍； 缂丝、刺绣、织锦、编织等工艺介绍 （可持续发展、文化自信、工匠精神）

五、课程思政教学设计

本课程力求将纺织纤维科学和艺术设计实践融于一身，实现以学生为中心的人才培养机制，培养学生“艺工融合”的思维模式。课程将理工知识讲授与设计实践应用相结合，通过课前、课中和课后的深度融合，在进行知识传授的基础上锻炼学生的动手能力，培养学生严谨科学的逻辑思维能力和创新能力，提高学生理论联系实际的能力和分析问题、解决问题的能力。使学生在掌握专业知识的同时激发家国情怀、文化自信、使命担当，建立正确的世界观、人生观和价值观，实现知识技能培养与“三观”塑造的协同育人培养目标，见图 8。

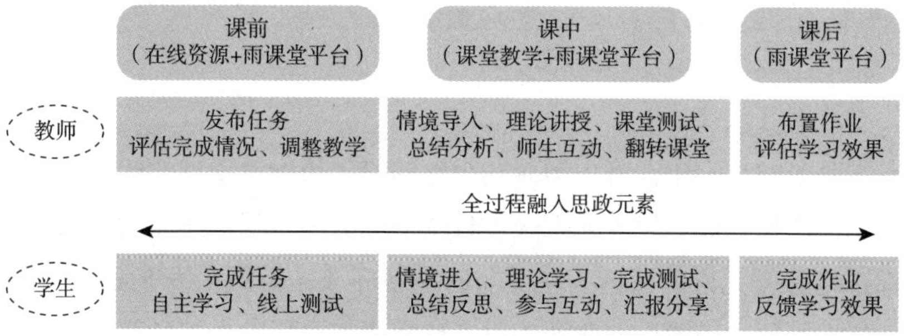

图8　课前、课中、课后安排

本课程针对“蚕丝纤维及设计应用”部分的课程思政教学设计如下：

（一）教学设计

1. 教学环节设计

针对“蚕丝纤维及设计应用”的部分，依托雨课堂平台和微信课程群进行教学模式设计，教学过程分为课前、课中和课后三个环节，以课中环节为主、课前和课后环节为辅。课前和课后环节的线上任务推送借助雨课堂平台或微信课程群，学生在线下完成相应任务；课中环节的教学内容与艺术作品的设计与开发紧密结合，并利用翻转课堂模式，分为知识传授、调研分享、设计实践、交流讨论，充分体现“跨专业融合”的特色。

教学设计如图 9 所示。

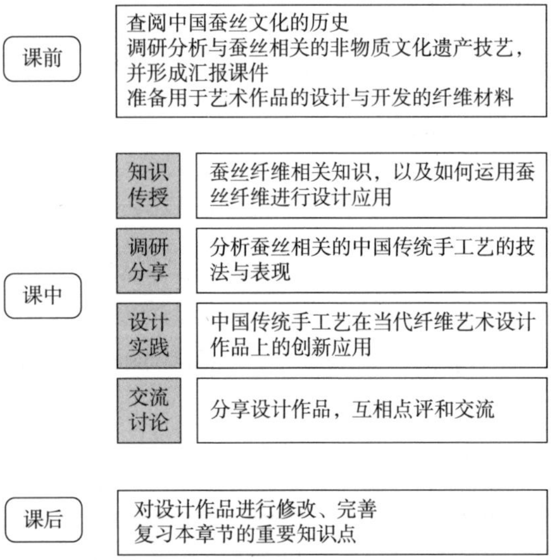

图9　教学设计

2. 思政教育设计

在本章节的教学中，将中国养蚕织丝的悠久历史及精妙的丝绸记忆——非物质文化遗产技艺作为思政元素融入教学活动的全过程，在课前、课中和课后环节都进行思政元素的渗透。在课前的准备环节，教师在线上发布任务要求，让学生仔细查阅中国蚕丝文化的历史，调研分析与蚕丝相关的非物质文化遗产技艺，以提升学生对中国博大精深的传统文化的认识。在课中的教学环节，除了知识的传授，教师要让学生在调研分析与蚕丝相关的中国非物质文化遗产技艺的基础上，从原料选择、工艺实现、图案配色等角度入手，探讨其在当代纺织品上传承与发扬的潜力，并进行产品的设计，锻炼学生的创新能力。使学生在完成知识学习、作品设计的同时，潜移默化地提高对中国纺织文化悠久历史和中华民族强大实力的认同感，增强文化自信、工匠精神和传承精神。在课后的环节，进一步完善作品的设计主题、元素提取、材料选用等，在作品的完善过程中，培养学生严谨科学的态度和精益求精的工匠精神。

（二）教学实践

按照课前、课中和课后三个环节开展教学活动，教学实践总体过程如下：

1. 课前

教师通过雨课堂平台或微信课程群推送本章节的课前学习任务：查阅中国蚕丝文化的历史；调研分析与蚕丝相关的非物质文化遗产技艺。学生在线下完成上述任务，并准备好在课中进行汇报展示的文件。

2. 课中

（1）知识传授

本章节内容的教学采用的教学方法和手段主要是实物样品展示、多媒体课件演示、雨课堂平台互动等多种形式相结合，课中的知识传授从“艺”和“工”两个角度展开。理工知识主要包括蚕丝纤维的发展历史、组成、结构和性能，以及精妙丝绸记忆——非物质文化遗产技艺介绍；艺术设计主要包括设计主题、灵感来源、色彩提取、情绪板以及丝绸在设计产品中的应用表达。目的是使学生系统学习并了解中国养蚕织丝的悠久历史，掌握纺织用蚕丝纤维的组成、结构和性能，从而更深入地了解中国千年文化的瑰宝——蚕丝文化，理解“蚕丝纤维—自然—社会”和谐统一的理念，以树立学生的文化自信和民族自信，并强化文化保护与传承意识，同时更深入地理解可持续发展。

（2）调研分享

学生将自己的调研分析报告上传到微信课程群，以供同学之间互相学习和点评，且教师和学生共同选取有代表性的调研分析报告进行展示与汇报，调研报告涉及刺绣、艾德莱斯绸、缂丝等非物质文化遗产技艺。学生在进行上述知识的调研分析整理的过程，可以更好地认识中国纺织文化的悠久历史和中华民族的强大实力。

（3）设计实践

在调研分析与蚕丝相关的中国非物质文化遗产技艺的基础上，从原料选择、工艺实现、图案配色等角度入手，探讨其在当代纺织品上传承与发扬的潜力，培养学生的创新意识，并进行产品的设计与开发。

例如以《春色满园》为主题的作品，采用蝴蝶、花朵为设计元素，利用传统的“刺绣”工艺手法，淡雅的丝线，穿针引线，表达了春天到来，自然朴实、田园而不失活泼灵动的感觉，给在身处喧闹的城市的我们带来别样的感受。以《蓝色之舞》为主题的作品，采用绽放的花朵为设计元素，运用传统的扎染工艺，表现一群现代年轻人朝气蓬勃、活力四射的精神状态，灵动而不失优雅。设计作品在材料应用上，利用纤维材料进行了很好的设计表达，且将传统工艺巧妙地运用在现代艺术创作中，增强了创新意识，弘扬了工匠精神，强化了传承意识。

（4）交流讨论

学生将自己设计的作品上传到微信课程群，同学之间进行交流讨论，并互相打分和点评，教师和学生进行交流，教师点评。通过交流讨论环节，提升学生自我更新的“造血能力”，加强学生对纤维材料结构、性能和应用部分知识的掌握，更好地理解如何利用纤维材料的结构和性能等，结合传统工艺手法，实现在现代作品中的设计表达。

3. 课后

课后进一步巩固本章的知识，线上通过雨课堂平台推送本章节的重要知识点及设计实践作品需要完善的要点，学生复习本章重要知识点，并根据要求进一步完善设计作品，培养其精益求精的工匠精神，更深层次地理解纤维材料结构和性能及其在设计作品表达中的作用，提高设计内涵，并且强化非物质文化遗产技艺在现代产品中的传承与应用。

（三）教学反思

“纺织纤维科学”课程需要学生学习并掌握的基础理论知识较多，但也需要学生通过学习和调研，自主设计并动手进行实践应用。本课程通过课前、课中和课后三个环节的密切配合，并将思政教育贯穿整个教学过程，目的是让学生能够更好地理解和掌握纤维材料知识，并能够熟练地将其应用在设计实践中，以提高学生的创新能力以及提出问题、分析问题和解决问题的能力。

由于设计实践条件的限制等原因，目前仅进行了一轮课程的讲授，还有许多知识点和思政元素的融合需要完善，且在设计实践部分，学生的作品完成度还不是很好。针对上述问题，要进一步探索能够更好地完成教学目标和课程思政教学目标的教学手段和方法，以及将思政元素与教学内容有机融合的方法。

新工科背景下“化工原理”课程思政教学改革与实践

完成人：刘红茹　审核人：张秀芹

一、课程基本情况

课程名称：化工原理

授课对象：高分子科学与工程专业、轻化工程专业大学三年级学生

课程性质：学科基础课

二、课程简介

本课程是北京服装学院校级精品课程，曾获全国多媒体课件一等奖，北京市多媒体课件二等奖，全国化工实验竞赛多次获奖，北京市化工原理竞赛多次获奖，多次获校内教学优秀成果奖。

本课程是北京服装学院材料设计与工程学院为高分子科学与工程、轻化工程专业本科生开设的专业必修基础课，在基础课程与专业课程之间起着纽带与桥梁的作用，是培养工程技术型人才过程中重要的教学环节。

本课程所用教材为杨祖荣主编的《化工原理》（第四版）[1]。

三、课程教学目标

（一）思政目标

根据“化工原理”课程的特点，在细化原有课程目标的基础上，深度挖掘

[1] 杨祖荣 . 化工原理 [M]. 4 版 . 北京：化学工业出版社，2020.

提炼专业知识体系中所蕴含的思想价值和精神内涵，“化工原理”课程思政的育人目标是：

①坚定习近平新时代中国特色社会主义思想。

②能运用辩证唯物主义观点和科学的方法论考察、分析和解决工程过程的实际问题，具有逻辑思辨能力。

③具有爱国主义、理念信念、使命感和科学精神。

④掌握化学工程研究人员应具备的工程伦理道德、职业素养、工匠精神和法律法规知识。

⑤具有绿色化工与工业生态理念，涉及化工安全、环保、健康、循环经济等知识。

（二）教学目标

通过本课程学习，使学生掌握化工原理基础知识、基本原理、工艺计算、过程影响因素、关键设备的结构及设计方法等，从而建立工程实践概念，具有一定的综合运用所学知识分析和解决工程实际问题的能力，特别是要培养学生的工程观点、定量计算、设计开发能力和创新理念；提高学生环保意识、法治意识、社会责任感、专业素养和自身素质，使学生能够在复杂工程问题的实践中理解并遵守工程职业道德和规范，履行责任；引领学生树立正确的世界观、人生观和价值观，做诚实守信之人。

四、课程基本内容及要求

“化工原理”课程的内容主要包括流体流动、传热、气体吸收、液体蒸馏等章节，表 11 以单元操作为主线，按照“化工原理”课程章节进行整理，结合课程基本内容及要求，阐明课程蕴含的思政元素。

表11　“化工原理”课程教学内容与思政教育的融合设计

课程章节	知识点	课程思政教学知识点
第一章　绪论（单元操作及分类、研究方法、课程性质及课程要求）	学科发展史； 化工原理的研究方法； 化工历史人物介绍； 中国化工发展现状及趋势	家国情怀，工匠精神； 哲学思维，事物运动、变化、发展的自然观； 理论联系实际； 化工职业素养教育

续表

课程章节	知识点	课程思政教学知识点
第二章　动量传递单元操作 （流体流动、流体输送机械）	流体力学发展史，泵的发展史； 复杂流体输送过程的分析、计算方法训练，数学知识和能力培养； 典型流体输送化工案例分析； 节能减排，合理利用能源，建设绿水青山，美好家园	理论联系实际； 工程职业素养与人文素养； 勇于实践、精益求精的工匠精神和匠心品格； 铸就学生的家国情怀，凝结学生的民族情愫
第三章　热量传递单元操作 （传热、传热设备）	传热发展史； 科学家传记； 传热学原理，数学知识（量纲分析法，经验法）和能力； 节能减排，合理利用能源	节能环保理念； 创新思维； 哲学、历史、文学、艺术等人文知识，树立人文思想，遵循人文精神； 培养学生认识美、爱好美和创造美的能力，铸就学生的爱国情怀，树立社会主义核心价值观
第四章　质量传递单元操作 （气体吸收、液体蒸馏、塔设备）	传质理论发展史、塔设备发展史、填料发展史、各塔结构与操作、物性之间的关系； 典型化工精馏和吸收案例分析； 传质分离原理，数学知识（类比法、试差法等）和能力培养； 新型能源和资源利用； 近现代相关科学家和化工企业发展故事，艰苦开拓、创业、爱国、理想、信念等	事物之间具有普遍联系，用发展的眼光看问题； “解决问题抓主要矛盾”的哲学观点； 人文精神，团队协作意识； 绿色化工、节能环保； 抗挫能力、工匠精神和不忘初心教育

五、课程思政教学设计

（一）教学设计

本次课程“流体动力学”属于“化工原理”课程第二章“流体流动”内容。主要讲授流体流动的质量衡算方程——连续性方程；能量衡算方程——伯努利方程。课程首先引入大禹治水的故事，面对洪水灾害多发的黄河流域，鲧的治水策略“水来土挡”显然是徒劳的，通过认真研究和测量山地尺寸，禹则采用疏通河道、拓宽峡口的方法，提出了“高处凿通，低处疏导”“治水须顺水性，水性就下，导之入海”的治水思想，使洪水更快地通过，有效地解决了洪水泛滥问题。启发学生积极思考，从而详细推导出有关流体流动的两个重要方程——连续性方程和伯努利方程。本次课程重点与难点是伯努利方程及其应用，教师详细讲解伯努利方程中每项参数的物理意义，方程的几种形式，适用条件，具体如何使用，最后讲解伯努利方程的应用案例“鄂洛多克车站惨案”“奥林匹克号与铁甲巡洋舰的碰撞”，为了避免再次发类似惨案，人们利用伯努利方程，根据列车进站的最大时速计算出安全距离，就是我们在车站常见的白色安全线。

通过“大禹治水”的故事激发学生的学习兴趣，使学生关注中华传统文化，提升自豪感和自信心；通过分析伯努利方程的应用案例“鄂洛多克车站惨案”“奥林匹克号与铁甲巡洋舰的碰撞”，使学生树立严谨的科学态度，培养学生的安全意识和工程职业素养。

本次课程在教学中提供反映历史渊源、前沿和时代性的课程内容，满足学生对新知识的需求；借助案例式、启发式或讨论式教学方法，激发学生的学习兴趣；采用信息化教学手段提高学生的参与度。

（二）教学实践

本课程教学实践见表 12。

表12 “化工原理”课程教学实践

教学要点	教学内容	教学设计
连续性方程式	【提问】禹采用疏通河道、拓宽峡口的方法有效地治理了洪水泛滥的问题。原理是什么？下面进入今天的学习内容——流体流动的规律。 连续性方程表示在定态流动系统中流体流经各截面时质量流量恒定，而流速以随管截面积和密度的变化而变化，反映了管路截面上流速的变化规律。 对于不可压缩性流体流经各截面时的体积流量也不变，流速 u 与截面积成反比，截面积越小，流速越大。 对于圆形管路，即不可压缩性流体在圆形管路中任意截面的流速与管内径的平方（d^2）成反比。 $$\frac{u_1}{u_2}=\frac{d_2^2}{d_1^2}$$	通过大禹治水故事，激发学生的好奇心和求知欲。 在定态流动管路中选取任意两个截面进行质量衡算，推导出连续性方程

续表

<table>
<tr><th>教学要点</th><th>教学内容</th><th>教学设计</th></tr>
<tr><td>连续性方程式</td><td>【总结】圆管中的方程流速与管径的平方成反比。这也是大禹治水的原理——流体流径越大，流速越小。
【应用】讲解书中例题。
【引申】流体流动时还有其他规律吗？流速、静压强、位置等其他状态参数还有变化吗？</td><td>通过大禹治水故事，激发学生的好奇心和求知欲。
在定态流动管路中选取任意两个截面进行质量衡算，推导出连续性方程</td></tr>
<tr><td>伯努利方程</td><td>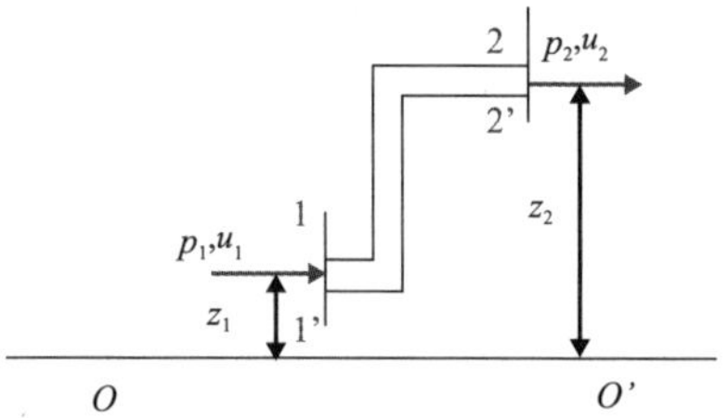

1. 理想流体的机械能衡算
流体流动具有的机械能：
①位能：流体在重力场中相对于基准面具有的能量。
②动能：流体以一定流速运动时具有的能量。
③静压能：流动着的流体内部任何位置都有一定的静压强。
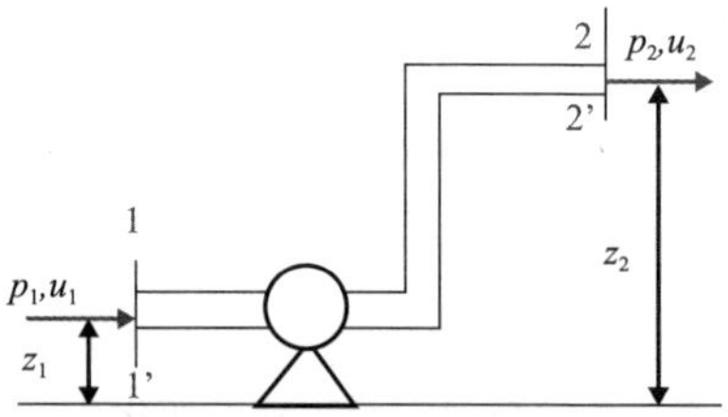

2. 实际流体的机械能衡算
实际流体的能量衡算还有能量损失和外加功。
外加功：流体输送机械向流体传递的能量——W_e
能量损失：流体克服流动阻力损失的机械能——$\sum W_f$
实际流体的伯努利方程：
$$gz_1+\frac{1}{2}u_1^2+\frac{p_1}{\rho}+W_e=gz_2+\frac{1}{2}u_2^2+\frac{p_2}{\rho}+\sum W_f，\text{J/kg}$$</td><td>伯努利家族的传奇故事；
在定态流动管路中选取任意两个截面进行能量衡算；
先讨论理想流体的各项机械能及能量衡算，再讨论实际情况下的核算，最后详细讲解伯努力方程及其应用</td></tr>
</table>

续表

教学要点	教学内容	教学设计
伯努力方程	3. 方程讨论 （1）静力学方程是伯努利方程的特例。 如果系统中的流体处于静止状态，则 u=0，没有流动，自然没有能量损失，当然也不需要外加功，W_e=0，则伯努利方程变为流体静力学基本方程式。 由此可见，伯努利方程除表示流体的运动规律外，还表示流体静止状态的规律，而流体的静止状态只不过是流体运动状态的一种特殊形式。 （2）可采用不同的衡算基准得到不同形式的方程。 单位质量流体： $gz_1+\frac{1}{2}u_1^2+\frac{p_1}{\rho}+W_e=gz_2+\frac{1}{2}u_2^2+\frac{p_2}{\rho}\sum W_f,\mathrm{J/kg}$ 单位重量流体： $z_1+\frac{1}{2g}u_1^2+\frac{p_1}{\rho g}+\frac{W_e}{g}=z_2+\frac{1}{2g}u_2^2+\frac{p_2}{\rho g}\frac{\sum W_f}{g},\mathrm{m}$ 单位体积流体： $\rho gz_1+\frac{\rho}{2}u_1^2+p_1+\rho W_e=\rho gz_2+\frac{\rho}{2}u_2^2+p_2+\rho\sum W_f,\mathrm{J/m^3(Pa)}$ 重点讲解单位重量流体的伯努利方程： $z_1+\frac{1}{2g}u_1^2+\frac{p_1}{\rho g}+\frac{W_e}{g}=z_2+\frac{1}{2g}u_2^2+\frac{p_2}{\rho g}+\frac{\sum W_f}{g},\mathrm{m}$ $z_1+\frac{1}{2g}u_1^2+\frac{p_1}{\rho g}+H_e=z_2+\frac{1}{2g}u_2^2+\frac{p_2}{\rho g}+\sum h_f,m$ 位压头 z（potential head） 静压头 $p/\rho g$（static head） 动压头 $u^2/2g$（kinetic head） 压头损失 $\sum h_f$（head loss） 有效压头 H_e（efficient head）	引入伯努利家族的传奇故事； 在定态流动管路中选取任意两个截面进行能量衡算； 先讨论理想流体的各项机械能及能量衡算，再讨论实际情况下的核算，最后详细讲解伯努力方程及其应用

续表

<table>
<tr><th>教学要点</th><th>教学内容</th><th>教学设计</th></tr>
<tr><td>伯努力方程</td><td>（3）理想流体的机械能守恒。

理想流体在流动过程中任意截面上总机械能、总压头为常数。但各截面上每种形式的能量并不一定相等，它们之间可以相互转换。下图清楚地表明了理想流体在流动过程中 3 种能量形式的转换关系。以 0—0' 所在的水平面为位能基准面。对于 1—1' 截面，其面积远大于管路横截面积，故其流速可近似取为零，即 u=0；当以大气 压为压力基准时，p_1=0，因此，该截面的总压头即为位压头 H。对于 2—2' 截面，其 z_2=0，总压头为动压头与静压头之和（该截面处单管压力计中液柱高度反映了静压头的大小）。从 2—2' 截面到 3—3' 截面，由于管路横截面积增加，根据连续性方程，流速减小，即动压头减小，同时位压头增加，但因总压头为常数，因此 3—3' 截面静压头相应发生变化。

实际流体与理想流体相比又增加了一项压头损失。

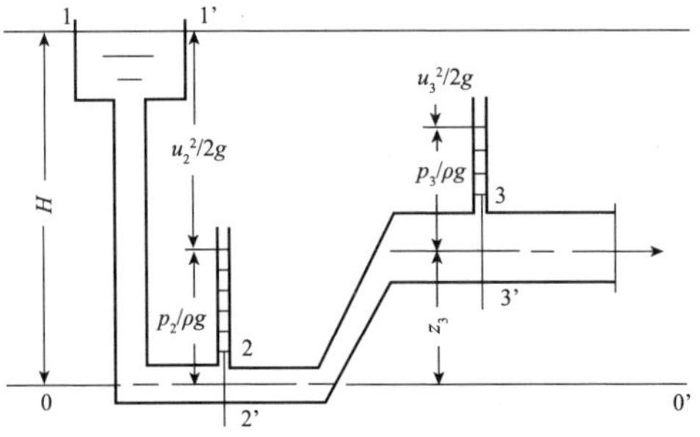

（4）外加功用于流体输送所需机械能及克服流动阻力所需能量：

$$W_e = g\Delta Z + \frac{\Delta u^2}{2} + \frac{\Delta p}{\rho} + \sum W_f, \mathrm{J/kg}$$
W_e：输送设备对单位质量流体所作的有效功，J/kg
N_e：输送设备对单位质量流体所作的有效功率，W（J/S）

$$N_e = W_e q_m, \mathrm{J/s}$$
N：流体输送机械的轴功率，W（J/S）
η：流体输送机械的效率

$$\eta = \frac{N_e}{N}$$</td><td>引入伯努利家族的传奇故事；
在定态流动管路中选取任意两个截面进行能量衡算；
先讨论理想流体的各项机械能及能量衡算，再讨论实际情况下的核算，最后详细讲解伯努力方程及其应用</td></tr>
</table>

续表

教学要点	教学内容	教学设计
伯努力方程	4. 方程应用 解题注意事项： ①截面应与流体流动方向垂直，两个截面内必须是同一种连续的流体，习惯上入口为 1、出口为 2； ② Z、u、p 在截面上，W_e、W_f 在截面内，六个状态参数，两个过程参数，未知数越少越好（难点）； ③基准水平面尽量取在低截面处，使该截面 Z 等于零； ④大截面或管路出口外侧，流速视为零，内侧流速不为零； ⑤管口内、外侧压强相同，压强的表示方法一致（绝压或表压）； ⑥各物理量的单位必须保持一致，并明确指出。 解题步骤： ①作图，标注截面和基准水平面的位置； ②文字说明截面和基准水平面的确定； ③完整地写出方程和已知条件； ④写出数值公式； ⑤求解，给出计算结果，要写明单位。 例题： 如本题附图所示，从高位槽向塔内进料，高位槽内液位恒定，高位槽和塔内的压力均为大气压。送液管为 $\varphi 45mm\times 2.5mm$，要求送液量为 $4.2m^3/h$。设料液在管内的压头损失为 1.4m（不包括出口压头损失），试问：高位槽中液位要高出进料口多少米？ 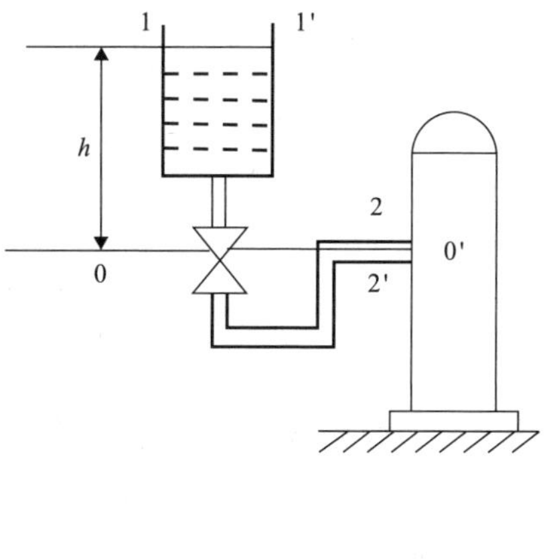 	引入伯努利家族的传奇故事； 在定态流动管路中选取任意两个截面进行能量衡算； 先讨论理想流体的各项机械能及能量衡算，再讨论实际情况下的核算，最后详细讲解伯努力方程及其应用

续表

教学要点	教学内容	教学设计
伯努力方程	补充题： 有一水吸收混合气中氨的常压逆流吸收塔，水由水池用离心泵送至塔顶经喷头喷出。输水管为 φ89mm × 3.5mm 无缝钢管，管中流量为 40m^3/h。池内水深为 2m，池底至塔顶喷头入口处的垂直距离为 20m。管路的总阻力损失为 40J/kg（不包括喷嘴），喷头入口处的压强为 120kPa（表压）。设泵的效率为 65%，试求泵所需的功率。 5. 方程应用实例 1912 年秋的一天，当时世界上最大的远洋轮之一“奥林匹克号”正在大海上航行，离它 100m 左右的地方，有一艘比它小得多的铁甲巡洋舰“豪克号”与它平行疾驶。突然，“豪克号”失控偏离了方向,一个劲地向“奥林匹克号”冲去，结果“奥林匹克号”躲闪不及，船舷被“豪克号”的船头撞了个大洞。 事故的原因分析：流速大的地方压强小，流速小的地方压强大；若两船靠得比较近且并排前进，两船之间的水流通道变窄，船体内侧水流速度大于船体外侧水流速度，船体外侧压强大于船体内部压强，船被水挤压相互靠近，容易发生碰撞危害	引入伯努利家族的传奇故事； 在定态流动管路中选取任意两个截面进行能量衡算； 先讨论理想流体的各项机械能及能量衡算，再讨论实际情况下的核算，最后详细讲解伯努力方程及其应用
	1905 年冬天，在俄国一个名鄂洛多克的小火车站上，站长率全站 38 名员工身着盛装、手持鲜花，列队站在铁路线两旁恭候沙皇尼古拉二世派来视察的钦差大臣。然而，遗憾的是，列车没有缓缓进站，而是狂风般冲进了“人巷”，刹那间“人巷”倒塌了，数十名员工仿佛背后被人猛推了一掌，不由自主向前倒去。结果造成 34 人丧生，4 人终身残疾。 为了确保人身安全和不再发生类似事故，在所有站台都画上了一条安全线，规定乘客候车时不得超越这条线	通过分析伯努利方程的应用案例“鄂洛多克车站惨案”“奥林匹克号与铁甲巡洋舰的碰撞”，启发学生树立严谨的科学态度，培养学生的安全意识和工程职业素养

（三）教学反思

本次课程主要讲授流体流动的质量衡算方程——连续性方程，能量衡算方程——伯努利方程。大学三年级学生刚开始学习单元操作的规律及应用，学生对工程知识的学习方法与思路还比较陌生，教师可通过引入案例，融入思政元素，提高学生的学习兴趣。在专业知识教学中，课程重点与难点是伯努利方程的应用，方程中的物理量多且抽象，要求学生掌握的知识点较多，当学生独立使用方程解题时经常不知从何下手，教师可增加一次习题课，多讲解几种题型的求解过程，这样有助于学生充分理解并掌握方程的使用。

纺织类高分子专业“聚合反应原理及工艺”课程思政探索与实践

完成人：王文庆　审核人：张秀芹

一、课程基本情况

课程名称：聚合反应原理及工艺

授课对象：高分子材料与工程专业大学三年级学生

课程性质：专业课

二、课程简介

（一）课程内容

本课程是高分子材料与工程专业本科生必修课，涉及有机化学、物理化学、高分子化学、高分子物理、化学工程、机械等，属于专业教育平台内容。课程以纤维高分子为主，兼顾塑料高分子，涉及聚酯、聚酰胺、聚丙烯、聚乙烯、聚乙烯醇、聚丙烯腈等，以及主要改性品种，各品种的聚合反应原理、实际生产过程、主要工艺参数、主要设备的结构、主要技术指标、副产物及污染问题，以及行业、品种的发展趋势。

（二）课程特点

本课程为高分子专业大学三年级下学期的专业课程，与纺织行业的纤维高分子生产息息相关，是距离学生未来就业最近的专业课程，也是学生了解行业发展的重要核心课程之一。

（三）参考书目

本课程教学中所用参考书目包括闫承花主编的《化学纤维生产工艺学》，

赵德仁、张慰盛编、赵进修订的《高聚物合成工艺学》（第3版），宁春花、左明明、左晓兵编的《聚合物合成工艺学》（第2版）。

三、课程教学目标

（一）思政目标

培养和树立社会主义核心价值观、坚定民族自信和爱国情怀；培养学生热爱本专业、敬业奉献的工匠精神；培养学生与时俱进、勇于创新的开拓精神。

（二）教学目标

理解且掌握几大主要纤维高分子品种的合成的原理、性能特点，掌握主要品种制备的工艺流程、工艺参数、设备结构、技术指标、改性品种。本专业学生能从事相关的生产、管理、研发的创业和就业。

四、课程基本内容及要求

本课程基本内容及要求见表13。

表13　“聚合反应原理及工艺”课程基本内容及要求

课程章节	知识点	课程思政教学知识点	思政元素
第一章　概论	纤维高分子材料的发展史，纤维高分子品种及行业现状	我国纤维高分子发展史以及纤维高分子的前沿热点、应用（从建立到现在不到百年，纤维高分子的应用从日常衣食住行扩展到军事、智能和航空航天等高精尖领域如智能纤维、宇航服）	专业认同、学习热情、爱国热情、民族自豪感
第二章　聚酯	聚酯的基本概念、聚酯纤维的种类及应用；聚酯的合成原理及几种主要且不同的工艺流程（如三釜、四釜、五釜流程）、工艺参数、设备结构、技术指标、改性品种	聚酯的回收再利用（以废弃矿泉水瓶可以重新加工获得涤纶制作衣服为例，引发对高分子材料“白色污染”的思考）	绿色发展、人与自然和谐共处

续表

课程章节	知识点	课程思政教学知识点	思政元素
第三章 聚酰胺	聚酰胺的基本概念、聚酰胺纤维的种类及应用；不同聚酰胺（PA6、PA66 等）合成原理、性能和主要品种制备工艺流程、工艺参数、设备结构、技术指标、改性品种	珠峰上的“中国梯”（小小尼龙纤维为何如此厉害）	学习兴趣、学以致用、工程思维
第四章 聚烯烃	纤维用聚烯烃的基本概念、种类及应用；烯烃（PP、PE 等）的聚合反应原理、性能和主要的工艺流程、工艺参数、设备结构、技术指标、改性品种	揭秘战“疫”利器——N95 口罩（聚丙烯的合成及无纺布加工，在国家重大事件中贡献“纺织人”的力量）	民族复兴的理想信念、科技报国的使命意识和责任担当
第五章 聚丙烯腈	聚丙烯腈的基本概念、种类及应用；聚丙烯腈的聚合反应原理、性能和主要的工艺流程、工艺参数、设备结构、技术指标	腈纶“何去何从”（市场缩水，产能下降，低端产品过剩等瓶颈问题）	创新思维、执着专注、精益求精
第六章 聚乙烯醇	聚乙烯醇的基本概念、聚乙烯醇纤维的种类及应用；醋酸乙烯的聚合反应原理、醇解的过程、主要的工艺流程、工艺参数、设备结构、技术指标、改性品种	我国维伦的发展史（从日本引进，中华人民共和国成立初期解决中国 6 亿～8 亿人口的穿衣问题）	严谨理性、勇于探索的科研精神，科技兴国的责任意识
第七章 其他纤维高分子品种	其他主要合成高分子的品种（如 PU、PVC、PS、PC、ABS、SBS）合成、工艺及改性品种；行业及市场应用情况	生物基纤维来源、种类及加工生产技术（绿色环保纤维、生物可降解纤维）	绿色循环、创新思维、工程伦理

五、课程思政教学设计

（一）教学单元分析

本文以“聚合反应原理及工艺”课程第二章“聚酯”为例。聚酯属于纤维高分子中用量最大、产品最广的品种。其主要学习内容包括聚酯的直接酯化、酯交换、缩聚，聚酯合成工艺流程以及聚酯改性及其他品种等，是“聚合反应原理及工艺”课程的重要学习品种。

第四节“聚酯其他品种”属于本次课程的重点内容。在掌握聚酯的合成及工艺流程、设备选型的基础上，对面大量广的聚对苯二甲酸乙二醇酯外的其他聚酯品种进行学习，有利于拓展学生对于聚酯行业的需求与未来发展趋势的了解，培养学生融会贯通、举一反三的逻辑思维能力。

（二）教学内容

1. 其他芳香族聚酯

①聚对苯二甲酸丙二醇酯（PTT）；

②聚对苯二甲酸丁二醇酯（PBT）；

③聚对苯二甲酸 -1，4- 环己二甲醇（PCT）；

④聚萘二甲酸乙二醇酯（PEN）。

2. 生物降解聚酯

①聚乳酸酯（PLA）；

②聚羟基乙酸（PGA）；

③聚羟基丁酸脂（PHB）；

④聚丁二酸丁二醇酯（PBS）。

3. 聚酯的回收再利用

教师结合身边案例讲解聚酯的回收与再利用方法。

（三）教学目标和思政目标

1. 知识层面

使学生掌握其他聚酯品种的类型及常规性能，了解其他聚酯的合成原料、聚合原理及工艺流程，理解可降解聚酯的概念与原则。

2. 能力层面

使学生能够通过文献资料的收集整理，了解聚酯产品种类的前言动态；能够完成特定品种聚酯产品的研发及工程管理。

3. 思维层面

培养学生深刻理解聚酯产品原料—合成—性能之间关联性，着力塑造学生的创新精神及工程思维。

4. 价值塑造层面

通过教学使学生树立绿色纤维的环保意识，遵循低碳、绿色循环发展以及人与自然和谐相处的工程伦理。培养学生大局观，以及科技报国的使命意识和责任担当。

（四）教学重点与难点

1. 教学重点：其他聚酯品种的类型及性能

处理方法：结合前面 PET 知识的讲解，启发学生举一反三。

2. 教学难点：不同聚酯品种原料、组成与性能之间的差别

处理方法：通过引导学生对不同聚酯合成原料进行分析，再对比聚合方法的不同，并通过列出表格的方式比较，帮助学生理解不同聚酯品种的性能差异及本质原因。同时，根据学生的反应，把握讲解速度，合理控制课堂节奏。

（五）学生特点分析

授课对象是大学三年级学生。由于本门课程的授课时间在下学期，学生已经系统学习了无机化学、有机化学、物理化学、分析化学、化工原理、高分子化学及高分子物理等基础理论。在该阶段学生的思维方法也不再局限于死记硬背，而是以理解和主动思考为主。因此教师更应该善于利用引发、启发、互动等教学手段，培养学生的自学能力和创新能力。

（六）设计思路

1. 设计要点一

通过“海洋塑料污染”的新闻视频，引出本节的授课内容：聚酯是否为“海洋污染”的元凶之一？如何去判断聚酯的环境安全性？是否有具备生物安全性的聚酯品种？

设计依据：将授课内容与当前的社会关注热点结合，有效激发学生的学习兴趣，同时启发学生对纺织行业纤维高分子材料的思考与定位，培养学生的使命意识和责任担当。

2. 设计要点二

通过材料可以降解的过程图片展示，引出聚乳酸纤维等脂肪族聚酯品种。回答了课堂一开始的问题：还有哪些可降解的聚酯？可降解聚酯的原料与合成是怎么样？如何实现环保性？

设计依据：以问题导向启发引导学生，从可降解聚酯与普通聚酯的原料来源、结构特性等出发，激发学生的创新思维、人与自然和谐相处的工程伦理。

3. 设计要点三

通过“PET 瓶回收织布”的生产视频，进一步引导学生思考聚酯的环保问题：除了聚酯可降解性的产品设计途径，绿色循环利用途径如何实现？与生产工艺如何关联？

设计依据：在让学生了解可降解聚酯的品种基础上，进一步通过视频的方式启发学生思考，激发学生的发散思维，追求卓越的科学态度以及执着专注、精益求精的科研精神。

（七）思政教学创新点

1. 基于学校特色、专业特色的课程思政设计

主要针对服装用、纺织用以及产业用纤维高分子的合成及工艺相关理论知识开展教学。针对量大面广的聚酯纤维循环再生开展课程思政教育，培养学生执着专注、精益求精的科研精神。

2. 基于纤维高分子未来发展的课程思政设计

绿色、低碳、循环是当前我国化纤工业乃至纺织工业实现可持续发展的重要任务。以废旧高分子材料的“白色污染”等问题启发学生的行业思考与定位，培养学生的创新思维、责任担当。

（八）教学模式和手段

1. 教学模式

提出问题—启发思考—引入要点—分析讨论—得出结论—构建知识。

2. 教学手段

将动态多媒体课件、视频资料及慕课等网络资源相结合。通过丰富的教学媒介（视频、动画、图片及文字等）吸引学生，通过结合社会热点、互动讨论等形式启发学生思考。

（九）教学过程

本次课程的教学过程见表 14。

表14 “聚合反应原理及工艺”第二章第四节“聚酯其他品种”教学过程

教学步骤	教学内容	学生活动	设计意图
复习 PET 的合成及主要工艺流程	结合 PET 的分子式，引导学生回忆 PET 的合成原料 TPA、EG 以及聚合工艺（三釜、四釜及五釜流程）	回忆已掌握知识点：原料类型？结构单元组成特点？	利用学生已有的知识储备进行铺垫，做好向新内容的过渡
通过“海洋塑料污染”视频引入 PET 的环保性问题，引入其他聚酯品种介绍	尽管塑料的使用给人们的生活带来了很大的便利，但是塑料制品造成的海洋污染日益严重，聚酯作为纤维中的主要品种，是否为“白色污染”的凶手之一？我们如何减少聚酯造成的环境污染问题？	思考问题，带着疑问进入本节学习	通过视频，结合热会热点，激发学生学习兴趣，引发对本专业的行业思考
学习含苯环结构的其他聚酯品种	其他芳香族聚酯品种： 聚对苯二甲酸丙二醇酯（PTT）； 聚对苯二甲酸丁二醇酯（PBT）； 聚对苯二甲酸-1，4-环己二甲醇（PCT）分子式、原料及聚合方法。 思考：PTT、PBT、PCT 与 PET 在结构上有何相同之处？有何区别？这些区别导致了哪些性能的变化？	听讲、思考	引导学生从聚酯的原料及结构出发学习其他芳香族聚酯品种，举一反三，培养其严谨的科学思维及发散思维
学习脂肪族聚酯品种	脂肪族聚酯（生物可降解聚酯）： 聚乳酸酯（PLA）；聚羟基乙酸（PGA）；聚羟基丁酸脂（PHB）；聚丁二酸丁二醇酯（PBS）分子式、原料以及聚合方法。 聚乳酸纤维以农产品玉米淀粉为原料，经过微生物（乳酸菌）发酵转化成乳酸，由乳酸经过催化合成得到丙交酯，再经过催化合成得到高分子量 PLA 切片，最终熔融纺丝得到 PLA 纤维。由于 PLA 原料可种植、易种植，其废弃物在自然界中可自然降解，被誉为 21 世纪新一代绿色环保纤维，可用作手术缝合线、涂层、衬垫及保温材料	听讲、思考、得出结论	引导学生从组成、结构决定性质的角度思考实现聚酯可降解的方法，培养其创新思维及工程逻辑思维

续表

教学步骤	教学内容	学生活动	设计意图
回答“海洋污染”视频引入中的问题，在此基础上引入产业“PET回收织布”视频，引发二次思考	聚酯的回收再利用： 学习了可降解聚酯品种之后，可以自信地回答视频中的第一个问题，我们可以采用可降解聚酯代替不可降解聚酯。但是鉴于目前可降解聚酯的加工工艺、产品成熟度以及生产成本问题，PET仍然被广泛使用，思考是否还有其他的方法实现PET的回收再利用？ 循环再利用化学纤维（Recycled Chemical Fiber）：采用回收的废旧聚合物材料和废旧纺织材料，经过物理开松后重新使用，或经过熔融或溶解后进行纺丝，或将回收的高分子材料进一步裂解成小分子重新聚合再纺丝得到的纤维，又称为再生化学纤维。循环再利用化学纤维品种主要包括：聚酯纤维、聚酰胺纤维、聚丙烯纤维、聚氨酯纤维、聚丙烯腈纤维、聚氯乙烯纤维等，其中聚酯纤维占总量的比重超过90%	讨论、分析问题	启发学生对纺织行业材料人的使命意识和责任担当，培养学生树立绿色可持续发展理念及人与自然和谐相处的工程伦理观，同时培养学生勇于探索的科研精神，坚定学生科技报国信念
通过小结概述本课内容	教师通过课堂小结回顾本堂课知识点，加深学生印象	听讲、回顾	通过课堂总结，让学生对本节课内容形成整体认识，思政教学达到“润物细无声”的效果
布置作业和预习任务	教师布置作业： 通过文献资料的调研，完成一篇调研报告（题目二选一）： ①谈谈目前其他高分子材料的回收利用情况。 ②生物可降解纤维有哪些？	课后探索	加深对课堂知识点的理解，进一步强化学生的绿色发展理念及工程思维

（十）教学反思

1. 教学效果分析

通过将相对“枯燥”的工科专业课知识与当前社会热点问题、行业发展趋势及时事政策等相结合，能够更好地激发学生的学习热情以及对本专业的职业认同感；通过对现有纤维高分子产品不同种类的原料、组成与结构、性能之间的对比分析，更有利于培养学生的工程思维和逻辑思维；通过绿色纤维及循环回收的新聚酯产品与技术路线的深入探索，启发学生的创新思维，使学生树立良好的环保意识，为纺织行业培养一批既有家国情怀又有责任担当的新青年。

2. 教学反思

一方面，本课程对思政元素的挖掘还是不够深入，教师作为课程思政建设的关键，需要在教与学中全面提升自己的思政素养、专业能力和教学水平。具体来说，要积极参加教育部和北京市各高校课程思政教学能力培训课程；虚心向榜样取经、向模范学习。

另一方面，思政教育与专业知识之间的衔接要更加顺畅自然，避免生硬，内容方式要相得益彰，真正做到思政育人“润生”无声。依托线上多类型优质教学视频资料等丰富教学手段，以新时代学生更易接受、更便捷的学习方式开展教学，提高课程思政教学的灵活性和趣味性。

此外，学生作为思政教学的中心，教师需要注重其课程教学反馈，建立持续改进机制。“思政载体”也需要与时俱进，教师要不断优化思政教育方式，打造“动态思政课程”。

“染料化学”课程思政教学设计

完成人：张丽平、鲍利红　审核人：张秀芹

一、课程基本情况

课程名称：染料化学
授课对象：轻化工程专业大学三年级学生
课程性质：专业必修课

二、课程简介

“染料化学”是根据轻化工程专业本科培养方案要求设置的专业基础课，是专业必修核心课程，属于校级精品课“染整工艺原理课程群”的一部分。本课程所用教材为何瑾馨主编的《染料化学》(第2版)。

课程详细介绍了染料、颜料和荧光增白剂的基本特性和应用范畴，染料中料和染料合成的主要化学反应，颜色产生的原因及影响染料颜色性能的因素，阐述了染料的化学结构与其应用性能和颜色坚牢度等性能的构效关系，以及染料应用中所涉及的化学反应及其主要影响因素。学生通过课程学习能够具有识别、表达、分析、解决轻化工程专业中有关染料与颜色等基本问题的能力，能够初步具备良好的工程职业素养，具备科学研究的批判性思维能力和创新意识，为后续专业课程的深入学习和个人专业发展打好基础。

三、课程任务和教学目标

（一）课程任务

本课程任务是围绕专业本科生人才培养方案，在染料等相关专业知识输出同时挖掘思政内涵，教学中有机融入思政元素，培养符合新时代行业发展要求的高素质应用型高级专业人才。通过专业知识（专业目标）和思政内涵（思政目标）的协同机制，使专业课与思政课同向同行，实现专业课程在教育思想、教育目标和教育内容上的主要载体功能，达成专业教学的育人目标。

（二）专业目标

专业上要求学生进一步了解学科专业以及纺织印染产业在国民经济中的地位，掌握有关纺织品染色、印花中所用染料的基础理论知识，弄清染料的结构与其颜色的关系、学会用科学方法理解染料的化学结构与其应用性能的内在关联、了解染料的合成基本方法以及一般物理及化学性能，最终使学生能够在染整工艺中科学、合理选用各类染料，并对工艺中有关染料部分提出辩证分析、改进意见。通过共性和个性的辩证关系分析把握用于纺织品染色、印花用各种染料的化学结构特征、染色对象、应用特性等方面的内容，使学生对新型染料、功能性染料有所了解，对有关禁用染料的基本情况有所了解，对行业污染对生态文明建设的负面影响有正确认识。

（三）思政目标

在巧妙的教学设计和合适的教学方式中同步实现课程思政目标。通过了解我国染料工业的发展和基本国情，使学生树立高度的政治认同感，增强对中华民族的崇敬和热爱，形成积极的价值观和人生观；在深刻理解染料结构与性能关系的基础上，了解世界染料工业的发展史，培养学生客观理性的思维特质、实事求是的科学精神、探索创新的价值取向、严谨求实的工作作风和积极进取的拼搏精神；了解我国古代染色历史，使学生感受我国灿烂文化和伟大传统，从而树立文化自信；通过系统学习染料化学及相关技术，使学生了解染料化学技术与产品开发应用的法律法规，增强绿色发展与环境和谐共生意识，培养学生的职业素养和社会责任感。

四、课程基本内容及要求

结合课程基本内容及要求，本课程的思政元素包括六个维度：政治认同、家国情怀、文化自信、科学精神、法治意识和职业素养。按课程教学大纲要求，各教学章节蕴含的思政元素见表15。

表15 “染料化学”课程基本内容及要求

课程章节	知识点	课程思政教学知识点
第一章 绪论	染料工业的兴起、苯胺紫的发明； 染料行业的相关法治； 致癌芳香胺的发现和立法； 关于芳香胺和染料行业的思考	家国情怀、政治认同、科学精神； 法治意识、职业素养； 可持续发展理念、职业素养、法治精神； 理性思维、科学精神、社会责任
第二章 中间体及重要的单元反应	H酸合成工艺的改进； 染料合成中的生态环境和生产安全； 染料传统合成与绿色合成工艺对比； 爆炸事故警示案例； 苦味酸用作炸药； 重氮化合物的发明、染料合成中重要的单元反应	环保与生态意识； 法规意识； 工程责任； 职业素养、公民责任； 辩证性思维、社会责任； 科学精神
第三章 染料结构和颜色	染料发色理论、染料结构和颜色关系（拓展科技前沿、结构色）； 颜色互补关系、结构设计与生态环保、光的选择性吸收、共轭体系的稳定性； 共轭双键和助色团形成发色体系、供吸电子基的协同效应	科学精神、哲学思辨； 社会责任、职业素养家国情怀、爱党爱国、政治认同团队协作、职业素养、科学精神
第四章 染料的光化学反应和光致变色色素	光致变色色素的发展历程、光致变色等功能性色素的应用； 染料结构和稳定性	科学精神； 哲学思辨
第五章 直接染料	刚果红的发明、结构与性能的关系； 直接染料会不会引起“癌症”？ REACH法则； 直接染料染色纺织品“褪色”问题	科学精神； 社会责任、家国情怀； 批判性思维、科学精神； 专业意识、职业素养
第六章 不溶性偶氮染料	结构与性能的关系	科学精神
第七章 还原染料	还原染料的发展史； 天然靛蓝的制备、染色及相关文化（传承和创新非遗印染文化）； 拜尔提出靛蓝结构式； 暂溶性还原染料的开发应用	终身学习、政治认同； 文化自信、家国情怀； 科学精神； 创新思维、环保意识

续表

课程章节	知识点	课程思政教学知识点
第八章　硫化染料	染料结构、种类与应用性能的关系	科学精神
第九章、第十章　酸性染料、酸性媒染/含媒染料	染料结构、种类与应用性能的关系； 禁用偶氮染料以及有害重金属离子的问题、含媒染料中金属的替代研究技术； 我国先民很早就掌握了媒染技术	科学精神； 法治意识、生态意识、社会责任； 家国情怀、文化自信
第十一章　活性染料	活性染料的发展、我国首只活性染料和活性分散染料的开发； 活性染料的结构和性能、与纤维的作用机理、活性染料的合成、单活性基到复合活性基； 活性染料染色面临的生态问题	科学精神、社会责任感、家国情怀； 哲学思辨、团队协作、服务意识、奉献精神； 职业素养、生态意识、科学精神
第十二章　分散染料	分散染料的发展； 分散染料的结构及性能关系、分散染料染色面临的生态问题； 新型分散染料、染料的商品化	理论联系实际、科学精神； 科学精神、环保意识、法治意识、社会责任感； 辩证思维、科学精神
第十三章　阳离子染料	阳离子染料的发展，苯胺紫的意外发现、品红的发明与完善； 染料结构与性能、迁移型阳离子染料、活性阳离子染料； 阳离子染料与环境和生态保护（水污染引发的公害事件）	创新思维、科学精神； 开放包容、合作共赢，创新精神； 可持续发展理念、生态意识、社会责任、职业素养
第十四章　天然染料	我国古代染料的使用、非遗印染文化、茜素的人工合成	文化自信、家国情怀； 科学精神
第十五章　有机颜料	酞菁和喹吖啶酮的发明； 颜料与染料的异同	科学思维、创新精神； 思辨能力、科学精神
第十六章　荧光增白剂	荧光增白剂的增白原理； 荧光增白剂用量的适度原则	哲学思辨、科学精神

五、课程思政教学设计

以第五章直接染料为代表性章节。本章是学生结束了前三章即染料概论、染料合成、结构和颜色关系的理论知识学习后开始的第一类染料的学习，是学生开启各类染料学习的起点，对于学生的专业知识学习、能力培养和价值塑造具有积极意义。

（一）教学设计

1. 目标分析与实现

本章专业目标主要是要求学生掌握直接染料的结构特点和染色性能，理解直接染料的染色过程和上染纤维的作用机理，了解直接染料的发展、纤维素纤维的结构、直接染料的分类和合成方法。同时会拓展禁用偶氮染料、REACH 法则、生态纺织品的相关知识。课程主要从以下几方面着重培养学生的能力。

教学主线分明：密切结合直接染料的结构特点，围绕直接染料结构组成对其染色性能的影响，将直接染料的结构分类、应用分类，直接染料直接性和染色过程串联起来，发掘其内部逻辑关系，便于学生系统记忆知识点。

理论联系实际：课程导入日常生活实例，依据直接染料染色织物的特点，基于纤维素纤维的结构特征，使学生在思考和学习中掌握直接染料的结构特征，理解其上染机理。整个思维过程是棉纺织品上染过程，给学生搭建从理论知识到工厂实际染色生产的桥梁。

重视环保理念：传统的直接染料合成方式简单，价格低廉，但其所选用的原材料有毒或产品使用中会释放致癌性小分子，会导致环境污染，危害人们身体健康。因此在授课过程中，既要体现直接染料在所有纤维素纤维染色染料中的优势，又要强化学生的化工生产安全知识、环境保护意识及生态纺织品概念。

反映行业发展状况：课程教学中引入教材中未涉及的近几十年直接染料的发展状况及行业生产、应用情况。强调在直接染料发展过程中追求高质量、高效益、控制成本提高收益的同时，更要注意采用新工艺和新技术，致力于节约能源、保护环境，努力推进行业的可持续发展。

思政目标是在教学实施过程中与专业知识输出同时实现的，以建立环境保护意识、弘扬传统文化和普及生态纺织品概念等为思政主题，通过生产、生活案例引出行业标准和国家法规等，着重培养学生的批判性思维、创新意识及科学精神，使学生具有环保意识、社会责任的职业素养，以及致力于投身行业发展和国家发展的家国情怀。

2. 学情分析与对策

课程授课对象为轻化工程专业大学三年级学生，已经具备了有机化学、物理化学、分析化学和化工原理等理论知识和实验基本技能，同时具有一定的自学能力，对未知事物具有好奇心，思维活跃，但对课堂理论学习积极性不够，存在一定惰性，尤其是理论联系实际的能力还相对欠缺。此外，本阶段学生的专业英语水平参差不齐，对于外文文献的阅读能力较差。

教学策略是以教师为主导、学生为主体，采取启发式教学，以实际新闻案例导入，通过课堂讲授、提问等形式，教与学互动，提高学生在课堂中的主动参与意识。采用多种形式讲授课程内容，如视频、图片、实物、PPT 演示文稿等；多样化的教学手段，如线上线下混合式教学、小组讨论、师—生讲评等，推进课程内容。比如，以案例法开篇，以生活实例引入，结合课堂互动，激发学生兴趣和参与积极性；组织学生对日用棉纺织品各项染色牢度进行分组讨论，由讨论结论对主要知识点进行总结，帮助学生联系实际、融会贯通，方便学生记忆、理解新知识；对于重点专业词汇进行中英对照讲解，并多次重复提示，便于学生理解、记忆和应用，帮助学生提高对外文文献的阅读能力。

（二）教学实践

以一节课（45 分钟）的专业知识点教学为例，即直接染料的结构特点、直接染料的直接性和染色性能、直接染料的染色过程，教学进度安排设计见表 16，教学实践过程见表 17。

表16　教学内容与时间分配

教学内容	时间 / 分	教学内容	时间 / 分
日常实例导入	4	直接铜盐染料	2
纤维素大分子结构特点	2	直接重氮染料	2
★直接染料的结构特点	6	★直接染料的直接性	6
直接染料的发展过程	3	★直接染料的溶解	4
直接染料	4	小结	2
直接染料	6	问题讨论	4

表17　教学实践过程（一节课45分钟）

教学进度	教学内容及授课思路	表达方式及思政内涵
课程导入	视频：以一段中央一套新闻资料的展示（录像），真实反映日常生活中直接染料染色织物的性能。通过观看录像资料，提出问题，让学生总结直接染料染色特点，激发学生学习兴趣。 问题过渡：根据专业知识结合日常生活，讨论这类染料为什么染色牢度不好，其结构特点是什么	幻灯片演示、视频（录像）、提问互动； 板书：学生总结的染色特点； 思政元素：培养学生的专业意识、职业素养
介绍教学内容，明确教学目的和重点	①介绍课程内容：纤维素大分子结构特点、直接染料结构特点、直接染料发展过程、直接染料的分类、直接染料的染色性能、直接染料的染色过程。 ②明确教学目的和重点：理解直接染料上染纤维素纤维机制。重点掌握直接染料的结构特点、直接染料的染色性能。其中，直接染料上染纤维素纤维机理是难点	幻灯片演示； 理清脉络，使学生对课程安排做到心中有数
（一）引言了解：纤维素纤维	1. 纤维素纤维结构 纤维素结构如下： 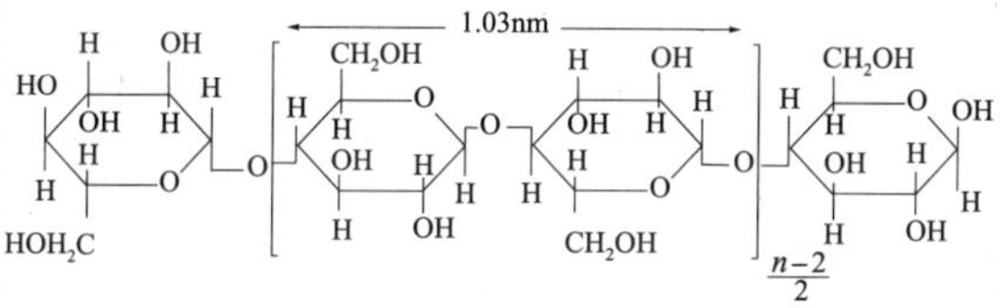 刚果红结构如下： 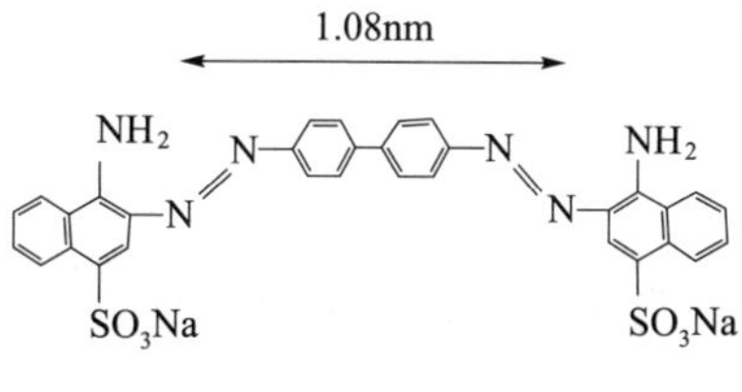 分析引导：通过纤维素纤维大分子的化学结构，指出基本单元是葡萄糖，联系有机化学相关知识。纤维上有大量的—OH，亲水性好，从β-1，4-甙键的长度推导染料结构大小，从纤维性能推导染料需要有相似的性能才能上染。 比喻：从纤维素的微观结构看，结晶区就如一把筷子，不易上染；非晶区就如树枝，松散，易于染色	幻灯片演示； 教具：短棉纤； 思政元素：染料与纤维性能相似能相容（相似相容原理），引导学生感悟具体问题具体分析，自身发展要符合时代发展的需求。 通过比喻，深入浅出地解释棉纤维晶区和非晶区的区别； 思政元素：引导学生增强团队合作意识，提升职业素养

续表

教学进度	教学内容及授课思路	表达方式及思政内涵
（一）引言 掌握：直接染料的性能	2. 直接染料的性能 ①对棉纤维无须媒染剂而直接上染。具有磺酸基或羧酸基的偶氮染料，溶于水；与纤维素纤维和再生纤维素纤维具有相当高的亲和力（直接性），可直接上染纤维。 ②直接性：分子间力（氢键、范德华力）；结构线性：发生范德华力；共平面性好：范德华力大；形成氢键的基团较多。 结构特点：直接溶解、直接上染、直接得色	幻灯片演示； 基于纤维素纤维的特点，以刚果红为例分析染料直接上染纤维应具有的特点
（一）引言 掌握：直接染料的特点	3. 直接染料的特点及用途 ①直接染料的特点。能溶于水，分子结构呈线性、狭长、共平面性好；色谱齐全，色泽鲜艳，价格低廉，染色方便；湿处理牢度较低，日晒牢度随品种而异；部分禁用。 ②用途。对纤维素纤维、蛋白质纤维具有较强的亲和力，主要用于棉纱、棉针织物、粘胶纤维、天丝（Tencel、Lyocell）和丝绸的染色，也可用于皮革、毛皮、纸张的染色 刚果红（直接大红 4B）结构如下： 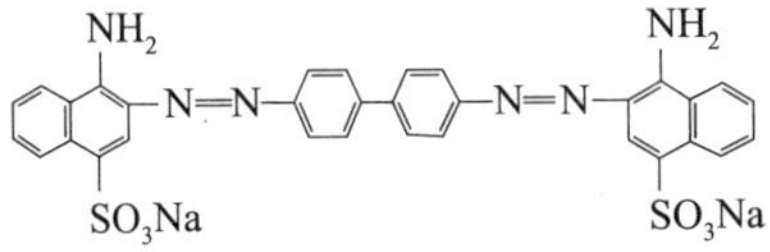 	幻灯片演示； 结合实例展示； 简单介绍刚果红，结合第二章的禁用染料知识，指出含有致癌联苯胺中料。 思政元素：引导学生认识印染行业的污染问题，增强环保意识
（二）直接染料的发展 了解：直接染料的发展	主要从染料结构发展和染色性能优化两方面进行阐述。 1. 结构发展 联苯胺类偶氮染料曾经非常重要，但是存在缺陷，致癌芳香胺、环境污染等，多数已淘汰，联苯胺染料的代用。 2. 染色性能优化 主要是提高染色牢度。 教师引导学生分析染色牢度差的原因：染料的水溶性、纤维素纤维的吸湿溶胀、染料与纤维的结合力较小等	幻灯片演示； 思政元素：引导学生认识行业发展规律和应遵守的国家法律、法规和社会道德规范，辩证思考直接染料的历史应用与现实禁用的情况。强化学生的法治意识、职业素养、哲学思辨和科学精神

续表

教学进度	教学内容及授课思路	表达方式及思政内涵
（二）直接染料的发展 了解：直接染料的发展	提出解决途径： （1）途径之一：染料结构改性 染料分子中引入可形成络合物的结构——直接铜盐染料； 染料分子中引入铜络合结构——铜络合直接染料； 染料分子中引入某些杂环结构——直接耐晒染料； 通过交联剂使染料与纤维连接——直接交联染料； 如：Sandoz 公司的 Indosol 染料（直接坚牢素染料）。 （2）途径之二：固色剂发展 常用固色剂为阳离子多胺聚合体与特殊金属盐的混合物： 固色剂 Y：双氰胺—甲醛缩合物的醋酸盐溶液或氯化铵溶液； 固色剂 M：固色剂 Y 与铜盐如醋酸铜作用； 环保固色剂：如固色交联剂 Opitifix F、固色交联剂 DE 等	幻灯片演示； 思政元素：引导学生认识行业发展规律和应遵守的国家法律、法规和社会道德规范，辩证思考直接染料的历史应用与现实禁用的情况。强化学生的法治意识、职业素养、哲学思辨和科学精神
（三）直接染料的分类 了解：直接染料分类和偶氮型直接染料的合成	1. 直接染料 早期的直接染料染色牢度较差，染色后需经固色处理，以提高湿处理牢度。这类染料以双偶氮和多偶氮染料为主，其中间体主要是联苯胺及其衍生物。联苯胺结构如下： 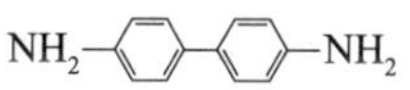 苯乙烯类直接染料主要为黄、橙色，染色性能好，但湿处理牢度稍差。 偶氮类直接染料： ①单偶氮类染料品种较少，主要是具有噻唑结构和 J 酸结构的染料，仅有黄色、橙色、红色等少数品种。由色基重氮盐与色酚通过偶合反应得到。 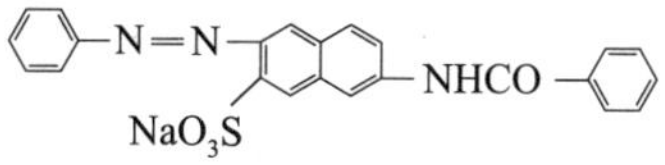 ②双偶氮染料可由一种重氮组分与两种偶合组分反应合成。 偶合组分：可以相同，也可以不同。 重氮组分：两个氨基不在同一芳环上的芳胺。	幻灯片演示； 对每种染料结构进行简单阐述，指出共性，引导学生强化认识染料的结构特点。 思政元素：针对生活中出现的类似直接染料“致癌”的标题内容，进行客观辩证分析，增强法治意识、生态意识、工程责任等。 提问互动：针对染料结构，给出推荐合成路线。结合第二章偶氮染料的合成相关知识，让学生写出合成途径

续表

<table>
<tr><th>教学进度</th><th>教学内容及授课思路</th><th>表达方式及思政内涵</th></tr>
<tr><td rowspan="2">（三）直接染料的分类
了解：直接染料分类和偶氮型直接染料的合成</td><td>以 D 代表可以形成两个重氮基的双重氮成分，以 E 代表可以进行一次偶合的偶合成分，以 A 代表可以形成一个重氮基的重氮成分，以 Z 代表能与两个或多个重氮组分偶合的偶合组分，以 M 代表与重氮化合物偶合后还带有一个可重氮化氨基芳香胺化合物，合成双偶氮染料可通过如下途径：
$E_1 \leftarrow D \rightarrow E_2$ 途径：含有两个重氮基正离子的重氮盐在进行偶合反应时，第一次偶合反应的反应能力强；进行第二次偶合反应时，反应能力迅速减弱，应采用较强反应条件或采用偶合能力较强的偶合组分进行反应。
联苯胺染料结构通式：
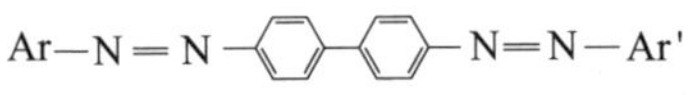

分析：两个苯环间的 C—C 键较正常的 C—C 键短，基本为单键，使两个苯环可绕 C-C 键旋转，因此联苯胺染料为线性平面分子，但染料的颜色是两个单偶氮染料颜色的拼色。
拓展：其一，讨论联苯胺的致癌问题、介绍 REACH 法则、24 种禁用芳香胺等相关知识，结合第一章禁用偶氮染料相关知识。其二，提出联苯胺的代用、禁用染料的代用染料</td><td>幻灯片演示；
对每种染料结构进行简单阐述，指出共性，引导学生强化认识染料的结构特点。
思政元素：针对生活中出现的类似直接染料“致癌”的标题内容，进行客观辩证分析，增强法治意识、生态意识、工程责任等。
提问互动：针对染料结构，给出推荐合成路线。结合第二章偶氮染料的合成相关知识，让学生写出合成途径</td></tr>
<tr><td>举例：偶合组分常用双 J 酸和猩红酸，重氮组分相同。
双J酸的结构如下：
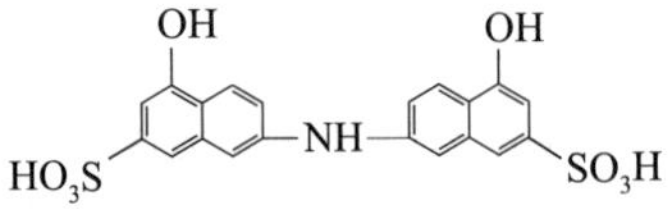

猩红酸的结构如下：
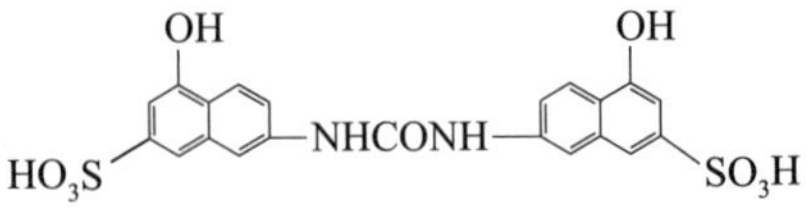

合成双偶氮染料可通过 $A_1 \rightarrow Z \leftarrow A_2$ 途径：一个偶合组分进行两次偶合。
合成双偶氮染料可通过 $A \rightarrow M \rightarrow E$ 途径：由单偶氮染料合成双偶氮染料</td><td>思政元素：增强学生环保理念和可持续发展的工程意识。
通过避免使用致癌芳香胺，染料结构设计与生态环境的相容性，强化生态意识。
提问互动：针对染料结构，给出推荐合成路线。深化学生对重要中料 H 酸的偶合反应性能的理解</td></tr>
</table>

续表

<table>
<tr><th>教学进度</th><th>教学内容及授课思路</th><th>表达方式及思政内涵</th></tr>
<tr><td rowspan="2">（三）直接染料的分类
了解：直接染料分类和偶氮型直接染料的合成</td><td>③多偶氮染料：主要是蓝、绿、紫、棕、黑色，浅色品种较少。染料对纤维的直接性大，日晒牢度较好，一般在 4 级以上。
三偶氮染料如直接耐晒黑 G。
四偶氮染料多为混合物，色光发暗，为棕、黑色。
2. 直接耐晒染料
（1）二芳基脲偶氮染料
—NHCONH—为隔离基团，染料主要为黄、橙、红、蓝等颜色，耐光性能好，日晒牢度高。
（2）三聚氰胺偶氮染料（酰氯缩合）。其对纤维亲和力大，日晒牢度好，染料品种少，主要有绿、红、蓝色。如三聚氰胺为隔离基将黄、蓝染料合成为绿色染料。
（3）二噁嗪类染料。
其具有鲜艳的颜色，耐光牢度好，耐还原性强，水洗牢度较差。
（4）酞菁类直接染料。其为铜酞菁的衍生物、色泽鲜艳、耐晒牢度好、直接性低，如直接耐晒翠蓝 GL</td><td>思政元素：通过偶氮基增大染料结构，通过蓝色染料和黄色染料复合为绿色染料的实例，引导学生认识能力互补、团结协作的重要性</td></tr>
<tr><td>3. 直接铜盐染料
含有能与铜盐形成络合物的结构：偶氮基两侧邻位有配位基、分子末端有水杨酸结构。
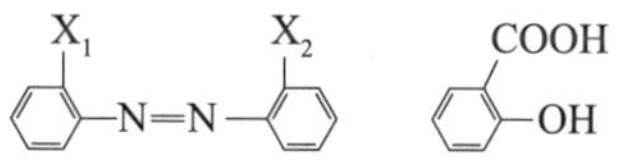

X_1：—OH、—OCH_3
X_2：—OH、—COOH、—OCH_3 等
染料与铜盐形成络合物后，溶解度降低，耐洗和耐日晒牢度提高，但色泽会变暗。
4. 直接重氮染料（应用较少）
分子中有—NH_2，可重氮化。
常规染色后，在纤维上重氮化，再偶合；色泽较深、能提高湿处理牢度；对织物的断裂强力有一定的影响。
在偶氮基对位上有氨基的染料可造偶合剂如 2-萘酚。
分子末端具有间二氨基或间氨基萘酚结构的染料可造偶合剂如 2- 萘酚、对硝基苯胺、间甲苯三胺。</td><td>幻灯片演示；
思政元素：通过引导学生认识羟基和羧基的协同作用，与金属离子形成络合物。引申出对团队协作的职业素养的认识</td></tr>
</table>

续表

<table>
<tr><th>教学进度</th><th>教学内容及授课思路</th><th>表达方式及思政内涵</th></tr>
<tr><td>（三）直接染料分类
了解：直接染料分类和偶氮型直接染料的合成</td><td>5. 直接交联染料
直接交联染料分子中有铜络合结构及一些特殊配位基团，与多官能团螯合结构阳离子型固色剂组成染色体系对纤维有直接性。
6. 直接混纺染料
直接混纺染料的个别品种属于禁用染料。
直接混纺 D 型染料对纤维素直接性高、上染率好、稳定性好；对染浴的酸碱度适用范围广</td><td>幻灯片演示；
思政元素：通过引导学生认识羟基和羧基的协同作用，与金属离子形成络合物。引申出对团队协作的职业素养的认识</td></tr>
<tr><td>（四）直接染料的染色性能
掌握：直接染料的直接性</td><td>★ 1. 直接染料的结构与直接性
直接染料具有如下特点：染料分子是线性的；共轭系统长，共平面性好；染料共轭系统长、共平面性好，与纤维的直接性大。
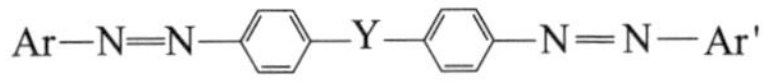

Y 可以是：—N=N—、—CH=CH—、—NH—、—NHCONH—、—NHCO—
举例：以下两个染料的结构差异对纤维直接性的影响：
染料 1 的结构：
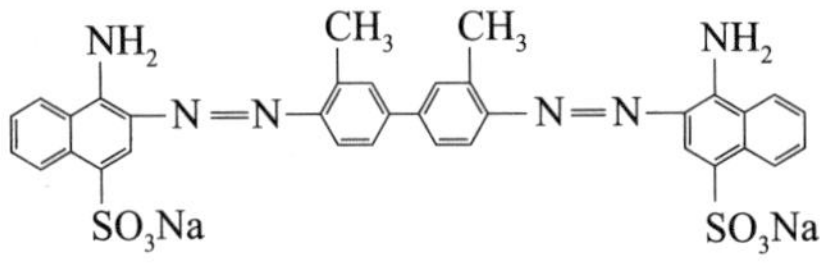

染料 2 的结构：
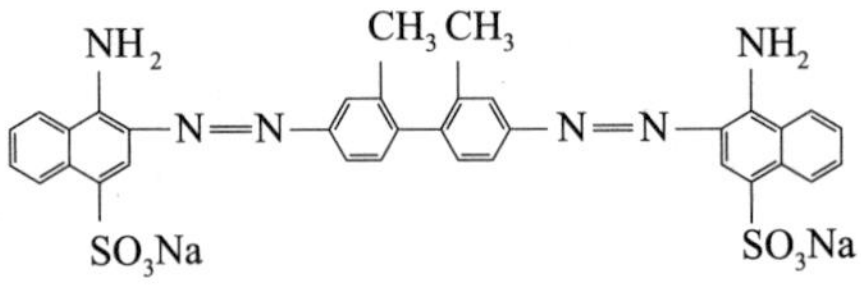

<table>
<tr><th rowspan="2">染料</th><th rowspan="2">共平面性</th><th rowspan="2">直接性</th><th colspan="2">吸附量（g/100g 纤维）</th></tr>
<tr><th>棉</th><th>粘胶</th></tr>
<tr><td>1</td><td>好</td><td>大</td><td>1.13</td><td>3.3</td></tr>
<tr><td>2</td><td>差</td><td>小</td><td>0.148</td><td>0.275</td></tr>
</table></td><td>幻灯片演示；
提问互动：引导学生回忆基础有机化学知识和染料结构特点，让学生总结分子间作用力形式及其成因，使学生更好理解染料分子结构和直接性的关系；
思政元素：从结构共平面性的内涵引申出对人类命运共同体的认识及协作的重要性</td></tr>
</table>

续表

教学进度	教学内容及授课思路	表达方式及思政内涵
（四）直接染料的染色性能 掌握：直接染料的直接性	通过观察结构，引导学生总结规律，得出结论：取代基越分散，共平面性越好，直接性越大。参考教材，教师带领分析棉和粘胶的形态结构差异。 染料分子中含有可形成氢键的基团较多，染料分子中可形成氢键的基团间距与纤维素纤维中两个伯醇基的间距相近时，容易形成氢键	提问互动； 思政元素：从取代基与共平面性的关系引导学生认识民族区域自治制度、特别行政区制度对区域稳定和经济发展的重要性，提高学生的政治意识和家国情怀
	2. 直接染料的溶解 亲水基团数量会影响染料溶解性。温度升高能使溶解度增加。介质应用软化水，避免与钙盐、镁盐发生沉淀。适量中性盐（食盐、元明粉）促染，过量会使染料聚集、沉淀。 总结：染色时直接染料带负电，纤维素带负电，上染缓慢，加入电解质后，由于盐效应可以起到促染作用。 拓展：印染行业中用得最多的两类盐（电解质），即元明粉（Na_2SO_4）和食盐（NaCl），在不同的染料染色时，电解质的作用不尽相同，以及相关的盐污染	幻灯片演示； 动画演示：染浴中染料状态和上染过程； 板书：画出盐效应示意图，互动讨论电解质的作用； 思政元素：从印染行业的盐污染认识节能减排对行业可持续发展的重要性，强化生态意识
课堂总结	课程难点：直接染料上染纤维素纤维机制——分子间作用力，主要包括范德华力、氢键。 课程重点：直接染料的结构特点包括线性、平面性、能够形成氢键的基团多、水溶性	幻灯片演示； 归纳出重点内容，以便于学生灵活记忆，避免在遇到染色问题时无法解决
知识运用	【实例】李奶奶从大市场买回一条红色的棉质毛巾，使用前将毛巾放到温水中，加入少量洗涤剂进行清洗。结果发现毛巾掉色严重，洗涤液颜色变红，而且放在一起洗涤的浅色棉质汗衫也被染上了红色。请根据上面的现象，就以下问题进行分组讨论。 【讨论】分析李奶奶所买的毛巾染色用的染料可能是什么类型的染料，这种染料结构有何特点，为什么这种染料染色的织物水洗掉色，为什么浅色汗衫变红了。 【总结】这是典型的生活实例，通过提出问题，引导学生围绕日常生活实际问题讨论、解释，深化对理论知识的认知，复习已学过的知识点，考查学生的实际掌握情况，当堂反馈学习效果	线上课程平台（雨课堂平台或学习通平台）辅助教学，分组讨论，并分享讨论结果； 思政元素：引导学生认识理论联系实际、产品质量监督的重要性，从日常生活案例理解染色工程的复杂性，提高社会责任、提高法治意识和职业素养

（三）教学反思

本节课主要讲授“直接染料”前三节的内容，即引言、染料发展、染料结构、染色性能的部分内容，教学过程中采取启发式教学，以实际新闻案例导入，结合课堂互动，提高学生听课兴趣和参与积极性。通过视频或动画、图片、实物、PPT 文稿等多种形式的课程内容，以及板书、线上平台、小组讨论、师—生（角色）讲评等多样化的教学手段，逐步推进课程专业知识和思政元素的输出，最后以生活实例作为本节课收尾，既与课程开篇呼应，又能检验学生能否将所学知识运用到解决日常生活实际问题中，当堂反馈学习效果。本章思政教学主要体现在科学精神、哲学思辨、生态意识、团队协作、职业素养和家国情怀等几个维度。整体而言，教学过程逻辑性强，层次分明，重点突出，思政元素的引入不刻意，学生反馈良好。在 2020 与 2021 级的教学中采用了小班教学方式，授课时不同班级的相同内容尽量保证由同一个教师教授，避免出现较大的班级差异，学生评价高，教学效果良好。

“染料化学”课程各章节内容繁杂，尤其是各类染料的知识结构相对独立和分散，如何引导学生做好学习规划，找出染料之间的共性和个性关系，如何在有限的学时内突出教学重点和难点，同时融入思政内容，后续还需要进一步根据教学大纲和行业发展梳理课程内容，提炼思政元素。此外，在视频案例引用和课末实例讨论时，当前采用的分组讨论形式较好，后期还可以提前准备好直接染料染色织物，现场进行褪色和沾色的模拟实验，增强学生的生活体验和现场感受，激发学生学习和研究的主动性。

无思政，不教育

——“有机化学”课程思政教学改革探索

完成人：张群　审核人：张秀芹

一、课程基本情况

课程名称：有机化学
授课对象：高分子科学与工程、轻化工程专业大学二年级学生
课程性质：基础专业课程

二、课程简介

有机化学是化学科学领域一门重要的基础学科，是研究各类有机化合物的结构、性质、相互转化及其规律的一门学科。“有机化学”课程是高分子科学与工程、轻化工程等专业的必修课，在教学计划中占有重要的地位。

在专业知识传授方面，本课程以有机化合物的结构理论、电子效应和立体效应等理论基础为工具，贯穿有机化学的全部教学内容，对各类有机化合物的分类、命名、结构、理化性质进行讲授。着重讲解有机化合物的结构特征，以及化学结构特征与性质之间的密切关系，向学生揭示“结构决定性能，性能决定应用”的科学规律。本课程曾获“北京服装学院优质在线教学案例一等奖”以及“教书育人最美课堂二等奖”。

三、课程教学目标

（一）思政目标

在专业知识传授过程中，紧抓课程思政的育人主线，充分挖掘思政元素，并列为课程的特色内容。通过引入诺贝尔化学奖获得者事迹、绿色化学教学内容、社会热点问题、科学前沿等，向学生呈现辩证唯物主义世界观和方法论，激发学生的爱国情怀和责任担当意识，培养科学素养、创新意识及创新能力。使专业知识教学与思政教学同向同行，形成协同效应，发挥“有机化学”课程的“三全育人”功能。

（二）教学目标

通过本课程的学习，学生能够掌握常见有机化合物的结构、命名方式和性质，掌握官能团之间的相互转换及其规律，掌握立体化学特征，能够综合运用所学知识，设计、合成目标化合物，解决实际化学问题，为下一步的专业学习打下坚实基础。

四、课程基本内容及要求

本课程基本内容及要求见表18。

表18　“有机化学”课程基本内容及要求

课程章节	知识点	课程思政教学知识点
第一章 绪论	了解有机化合物、有机化学的概念、有机酸碱理论、有机化合物的分类等； 掌握有机化合物的结构和共价键（共价键参数、有机化合物的同分异构现象、分子间作用力）	通过学习化学发展史，深化学生对有机化学学科的认识，激发学生对有机化学的热爱和学习内驱力
第二章 烷烃	了解：环烷烃结构与稳定性之间的关系； 理解：环烷烃的结构特点、命名方法； 掌握：烷烃的异构现象和系统命名法（IUPAC 命名法）、自由基取代机理	通过引入并分析臭氧层空洞问题，渗透环保理念，激发学生对有机化学专业的热爱和保护地球环境的责任感
第三章 烯烃	了解：烯烃物理性质和重要的烯烃结构、用途； 理解：烯烃的结构检验和制备方法； 掌握：烯烃的系统命名法、化学性质，亲电加成反应机理和马氏规则的解释	通过学习马氏规则的发现过程，让学生不仅具备善于发现、善于总结的能力，还具备透过现象探索本质的科学素养

续表

课程章节	知识点	课程思政教学知识点
第四章 炔烃、二烯烃	了解：炔烃、二烯烃的物理性质，重要的炔烃、二烯烃以及炔烃的制法； 理解：炔烃的亲电加成反应机理、亲核加成反应机理以及共轭二烯烃结构； 掌握：炔烃、二烯烃的系统命名法、化学性质及二烯烃的检验方法	引入导电聚乙炔案例和相关诺贝尔化学奖得主事迹，激发学生对有机化学的学习热情和学习内动力
第五章 环烷烃	了解：脂环烃的物理性质和重要的脂环烃； 理解：燃烧热、角张力、扭转张力等概念； 掌握：单环烃的命名法、桥环烃和螺环烃的命名、脂环烃的化学性质和环己烷的稳定构象	教师分发球棍模型给学生，让学生动手组建模型，培养学生对有机化学模型构建的学习兴趣
第六章 单环芳烃	了解：单环芳烃物理性质、来源与制法； 理解：单环芳烃的结构及其亲电取代机理； 掌握：单环芳烃的系统命名法，电取代、催化加氢，环的氧化反应及芳环侧链的氧化和 α- 氢的取代	引入石墨烯结构的发现以及化学家凯库勒的“苯环梦”，使学生了解化学家在科学上任何的进步和发现，都是在持之以恒的努力下取得的
第七章 多环芳烃和非苯芳烃	了解：重要的稠环芳烃物理性质、来源与制法； 理解：稠环芳烃的结构、亲电取代及休克尔规则； 掌握：稠环芳烃的系统命名法，亲电取代、催化加氢及芳环的氧化反应	通过学习休克尔规则，培养学生严谨的科学实验态度和透过现象看本质的辩证哲学思想
第八章 立体化学	了解：立体化学的发展、现状及应用领域； 理解：手性、旋光性、对映异构体、外消旋体、内消旋体等概念； 掌握：手性的判断、旋光异构体构型表示法、Fischer 投影式和透视式、对映体的绝对构型和 R、S 表示法，含两个手性碳原子化合物的对映异构	通过沙利度胺事件，强调学科渗透，激发学生对有机化学的热爱和肩负起以严谨、扎实的科学知识推动社会进步的责任感；通过介绍中国科学家在手性研究方面做出的重要贡献和前沿工作，激发和深植学生的民族自信和科技强国的使命感

续表

课程章节	知识点	课程思政教学知识点
第九章 卤代烃	了解：卤代烃的物理性质； 理解：卤代烃的命名方法、分类、制法； 掌握：卤代烃亲核取代反应机理、反应速率、不同亲核取代反应的影响因素、消除反应及格氏试剂的制备	通过分析芥子气致毒及氮芥治癌机理，使学生养成辩证认识化学具有两面性的哲学思想；引入前沿进展，培养学生尊重经典又敢于挑战经典，从而再创经典的科学思辨精神
第十章 醇、醚	了解：醇的物理性质、氢键对醇物理性质的影响、冠醚的命名和应用； 理解：醇的亲核取代机理、脱水机理、制备方法； 掌握：醇、醚的分类、命名和结构、醇的亲核取代反应速率、醇的化学性质以及醇的鉴别、环氧乙烷的开环加成反应	引入醇、醚在实际生活中的重要应用，加深学生对有机化学重要性的认识，激发学生学习和研究有机化学的内在动力

五、课程思政教学设计

（一）教学设计

在专业知识传授方面，本课程以有机化合物的结构理论、电子效应和立体效应等理论基础为工具，贯穿有机化学的全部教学内容，对各类有机化合物的分类、命名方法、结构、理化性质进行讲授。着重讲解有机化合物的结构特征，以及化学结构特征与性质之间的密切关系，通过向学生揭示“结构决定性能，性能决定应用”的规律，引导学生透过现象发掘科学本质。

通过本课程的学习，学生能够掌握常见有机化合物的结构、命名方法和性质，掌握官能团之间的相互转换及其规律、掌握立体化学特征，能够综合运用所学知识，设计、合成目标化合物，解决实际化学问题，为下一步的专业学习打下坚实基础。

在专业知识传授过程中，紧抓课程思政的育人主线，充分挖掘思政元素，并列为课程的特色内容。通过引入诺贝尔化学奖获得者事迹、绿色化学教学内容、社会热点问题、科学前沿等，向学生呈现辩证唯物主义世界观和方法论，激发学生的爱国情怀和责任担当意识，培养科学素养、创新意识及创新能力，使专业课程与思政理论类课程同向同行，形成协同效应，发挥本课程的“三全育人”功能。

（二）教学实践

本课程思政教学实践见表 19。

表19 “有机化学”课程思政教学实践

时间分配	教学内容与讲授思路
导入 （1 分钟）	【导入】科考人员发现，南极上空的臭氧层正在逐年减薄，甚至出现了空洞现象。制冷剂氟利昂所产生的氯自由基是破坏臭氧层的主要因素。今天，我们将学习这种自由基的卤代反应。 【设计意图】通过引入与生活相关的案例，激发学生的好奇心和求知欲
回顾复习 （2 分钟）	乙烷的结构为：CH_3—CH_3，C 电负性为 2.5，H 电负性为 2.2。 意味着：C—Hσ 键电子分布较均匀，没有电子密度很大或很小的部位
	【过渡提问】根据烷烃的结构特点，烷烃如果发生化学反应，σ 键断裂方式会怎样？
（一）烷烃卤代反应的通式 （4 分钟）	【引导分析】烷烃 C—Hσ 键极性小，化学键倾向于均匀断裂。引出自由基的概念。 【设计意图】使学生认识“结构决定性能”有机化学学习主线。 1. 自由基概念 自由基是共价键发生均裂而形成的具有不成对电子的原子或基团。 2. 反应通式 $$R—H + X_2 \xrightarrow{h\nu\ 或\triangle} R—X + HX$$
（二）甲烷的氯代反应事实 （5 分钟）	1. 反应式 甲烷（CH_3）的氯代反应式如下： 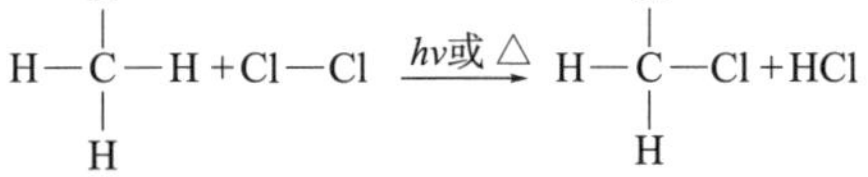 【提问】反应是如何发生的？哪一过程是决速步骤？经历了哪些中间体？ 【设计意图】通过探究式教学，引导学生从分析实验现象出发，推导背后的科学逻辑。

续表

时间分配	教学内容与讲授思路
（二）甲烷的氯代反应事实 （5 分钟）	2. 实验事实 实验 1：CH_4 和 Cl_2 在黑暗放置不能发生反应。 实验 2：CH_4 和 Cl_2 在光照下发生反应。 实验 3：光照 CH_4 后并与 Cl_2 黑暗混合，不发生化学反应。 实验 4：光照 Cl_2 后并与 CH_4 黑暗混合，发生反应。 实验 5：监测反应产物，主要为 CH_3Cl 和 HCl，还有少量 CH_3—CH_3。 【实验结论】给出实验现象和实验结果：通过检测发现 CH_4 和 Cl_2 反应后的主要产物为 CH_3Cl 和 HCl，副产物为乙烷。 【互动讨论】综合 1 ～ 4 组实验事实，学生推导出：光照是反应条件，光照氯气引发了反应。 【设疑】为什么光照甲烷不能发生化学反应，而光照氯气才能发生化学反应？ 【设计意图】通过追问使学生深挖现象背后的科学原理。 3. 键能 Cl—Cl 键能为 242.2kJ/mol，单个分子键能为 4.023×10^{-19}J，相应波长 493.7nm；C—H 键能为 415.3kJ/mol，单个分子键能为 6.899×10^{-19}J，相应波长 288.0nm 【分析总结】对比 Cl—Cl、C—H 的键能，可知 Cl—Cl 键更容易断裂
（三）甲烷的氯代反应机理 （15 分钟）	1. 反应机理 【启发互动】结合实验事实，引导学生假设反应机理。利用反应混合物中除了 CH_3Cl、HCl，还有少量的乙烷和氯气来进行验证假设，最终确证反应机理式经历了链引发、链传递、链终止三个过程。 【科学思维训练】提出合理假设—实验事实验证假设—机理再来证明实验现象。 （1）链引发 $Cl—Cl \longrightarrow 2Cl\cdot$ （2）链传递 $Cl\cdot + H—CH_3 \longrightarrow Cl—H + \cdot CH_3$ $CH_3\cdot + Cl—Cl \longrightarrow H_3C—Cl + Cl\cdot$ （3）链终止 $Cl\cdot \quad \cdot Cl \longrightarrow Cl—Cl$ $Cl\cdot \quad \cdot CH_3 \longrightarrow Cl—CH_3$ $CH_3\cdot \quad \cdot CH_3 \longrightarrow H_3C—CH_3$

续表

时间分配	教学内容与讲授思路
（三）甲烷的氯代反应机理 （15分钟）	【提问】为什么在反应链传递阶段，氯自由基不与甲烷一步生成氯甲烷呢？ 【设计意图】培养学生的批判性思维。 假设能发生该反应： $Cl\cdot + H—CH_3 \longrightarrow Cl—H + \cdot CH_3$ ΔH=7.5 kJ/mol $CH3\cdot + Cl—Cl \longrightarrow CH_3—Cl + Cl\cdot$ ΔH=−112.9 kJ/mol 为什么第一步不生成一氯甲烷和氢自由基？ $Cl\cdot + H—CH_3 \longrightarrow Cl—CH_3 + \cdot H$ ΔH=104 kJ/mol 【分析】对比两组反应的活化能的差异。 2. 通过动画演示氯代机理 【设计意图】动画将抽象的机理形象生动地展示出来。 3. 氟利昂破坏臭氧层机理 1995 年诺贝尔化学奖得主为提出了臭氧在大气中的形成和分解机理的三位科学家：保罗·克鲁岑、马里奥·莫利纳、弗兰克·舍伍德·罗兰。 【设计意图】渗透环保理念和诺贝尔化学奖获得者事迹。激发学生对有机化学的热爱和保护地球环境的社会责任感。 【过渡设疑】除了氯气，甲烷与其他卤素单质的反应会怎样？
（四）烷烃与其他卤素的反应 （12分钟）	1. 与不同卤素的反应速率 反应过程如下： $X_2 + H—CH_3 \longrightarrow CH_3X + HX$ 【实验结论】反应速率：$F_2 > Cl_2 > Br_2 > I_2$。 2. 反应热对比 $X\cdot + H—CH_3 \longrightarrow CH_3\cdot + HX$ 【引导分析】引导学生从卤素键能及反应热方面比较。 3. 烷烃与卤素反应的选择性 $CH_3CH_2CH_3 \xrightarrow[hv]{Cl_2,25°C} CH_3CH_2CH_2Cl\ (45\%) + CH_3CH(Cl)CH_3\ (55\%)$ （1） $CH_3CH_2CH_3 \xrightarrow[hv]{Br_2,127°C} CH_3CH_2CH_2Br\ (45\%) + CH_3CH(Br)CH_3\ (97\%)$ （2）

续表

时间分配	教学内容与讲授思路
（四）烷烃与其他卤素的反应（12分钟）	【实验事实】丙烷与卤素单质的反应。 【课堂探究】为什么丙烷进行卤代反应时，会得到不同的卤代产物，且收率不同？ 【启发互动】鼓励学生运用甲烷的氯化反应特点和反应机理来分析和解释上述实验现象和问题。 【设疑】主要中间体自由基稳定性排序为什么是三级＞二级＞一级呢？通过什么电子效应稳定？ 4. 自由基的稳定性 【理论解释】σ–p 超共轭效应。 【多媒体展示】利用多媒体的动图效果展示超共轭效应。 【课堂互动】鼓励学生自己搭建球棍模型，并通过对比不同结构的自由基中间体球棍模型，来观察超共轭效应对稳定性的影响
（五）自由基反应的前沿进展（4分钟）	探讨上海科技大学左智伟科研团队在 *Science* 发展的论文：《室温甲烷绿色转化新途径》。 【课程思政元素】中国科研工作者的成果和贡献激发了学生的自豪感和建设科技强国的社会责任感
总结（2分钟）	【归纳总结】引导学生根据板书总结甲烷氯代反应的特点、反应机理，以及不同烷烃发生氯代反应的主要产物及反应速率，总结烷烃与不同卤素反应的产物与反应速率。 【重点板书】教师板书。 甲烷的氯代反应的反应特点、反应机理及其他自由基反应等重点内容。 【课后作业】安排学生完成课后习题

（三）教学反思

将思政元素与理论知识有机结合，在教学过程中潜移默化渗透科学精神、职业道德、人文素养，使学生在获取知识的同时增强民族自信和专业自豪感，从这一方面来看是成功的。另一方面，部分学生的学习基础薄弱，有的学生高中并未选学化学，在没有基础的情况下进行有机化学的学习，无疑是有一定难度的，学习积极性也受到了挫伤。因此，针对这种学生，教师需根据学生具体情况制定一对一的指导方案，并在课堂及课后作业完成中及时关注学生的学习状态，增进日常的交流沟通，提高学生学习的自信心。经过一段时间改进后，学生的成绩和学习积极性也得到一定的提高。

“计量经济学”课程思政教学设计

完成人：姚蕾　审核人：席阳

一、课程基本情况

课程名称：计量经济学

授课对象：国际经济与贸易（贸易与金融）专业大学三年级学生

课程性质：学科基础课

二、课程简介

“计量经济学”是经济管理专业的基础课程。随着经济学领域精确量化要求的不断提高，计量经济学在经济学教学和研究中的地位变得越来越重要，并与微观经济学、宏观经济学一起构成现代经济学的基础理论。计量经济学是一门应用经济学，以揭示经济活动中客观存在的数量关系为主要内容，是研究经济理论和经济现实问题不可或缺的工具。

本课程使用的教材是李子奈、潘文卿编著的《计量经济学》（第5版）。本课程注重使学生了解计量经济学的基本理论和分析方法，以及各种评估方法、检验方法的基本原理和使用范围，尽可能避免烦琐的数学推导，教学内容贯穿计量经济分析软件 EViews（或者 Stata）的具体使用，使学生在使用软件过程中，理解计量经济学的基本理论和方法，掌握计量经济学方法的实际应用，提高分析实际经济问题的能力，让学生能够使用计量经济学方法来分析判断和理性认知现实生活中的经济及社会问题。

三、课程教学目标

（一）思政目标

计量经济学具有很强的科学性，也有鲜明的价值性。本课程通过讲解、介绍经济时事新闻、学生关注的经济热点及建模方法，深挖中国经济社会发展和政策实施过程中的典型案例，扎根中国国情，教育引导学生正确认识中国和世界发展大局，有效培养学生的家国情怀，帮助学生树立正确的世界观、人生观、价值观，引导学生关注并思考时事，让学生主动承担社会责任，诚信做人、做事，自觉遵守法律、法规及基本社会道德规范准则，践行社会主义核心价值观。

具体来讲，主要有以下目标：

①对健康生活方式的提倡。比如，通过研究吸烟与肺癌发生的关系，提醒学生健康生活的重要性，鼓励学生养成健康的生活方式。

②对身边事的关注与思考。比如，通过分析教师和学生的关系探讨课堂教学质量，通过研究影响学校食堂饭菜销售数量因素的案例，以及通过研究大学生消费支出与生源地、家庭收入、是否得奖学金等因素关系的案例，使学生学会用课堂所学理论知识分析解决问题，得到有信服力的结论。

③对我国经济发展的客观认识。这样的案例非常多，比如居民消费支出变动的研究，地方教育支出与地区经济发展、地区人口数量、人均教育消费等影响因素的关系的研究，中国国内旅游收入的增长与国内旅游人数、各类型人口人均消费、铁路里程数的关系的研究，我国各行业投入产出关系的研究等。这些案例用真实的数据来分析中国经济的各个方面的发展，既能看到取得的成绩，也能显示问题，对学生的教育和启示更有说服力。

④对我国经济社会政策效果的科学评价。在我国改革开放的进程中，在经济发展的各个方面都不断地有具体的政策被推出，这些政策的效果如何测量、政策作用是否明显等，都可以借助计量经济学的方法来分析，进而了解相关政策的效果。

⑤对专业知识和专业问题的准确把握和深刻理解。选修本门课程的学生基本上都是经济类专业的学生，课程中大量的案例与学生的专业学习领域相关，比如我国进出口贸易问题、股票市场问题、劳动力就业问题等，都能与学生专

业的学习相呼应，案例所揭示的变量间的关系能让学生对具体的专业知识有更切实的体会。而且，结合这部分教学内容可以安排学生搜集案例，这也能培养学生对专业问题的敏感性。

⑥对国外经济发展状况的广泛了解。本门课程采用的是经典的计量经济学外版教材，教材中的案例基本上都是国外经济发展状况的反映，使用这样的教材进行教学，自然就能够对国外的经济发展概况获得一部分数据上的认知，也能够将这些结论与我国类似问题的研究结论相对比，清楚认识两者的差异。

⑦服务于行业与地方的经济发展。通过提升学生的综合素质，使其具备服务当地经济社会发展和行业高质量发展的科研创新能力。

（二）教学目标

1. 知识目标

计量经济学侧重研究经济变量之间的相关关系以及如何建立、估计其关系。学生要掌握经济学数量分析的基本理论和方法，知晓“计量经济学”课程的知识体系，以及与其他学科及社会实践的联系。学生具体应该掌握简单线性回归模型、多元线性回归模型及其应用，理解多重共线性、异方差和自相关性的基本思想和修正方法，能够从经济学视角理解我国经济社会发展过程中各种经济现象和规律，并能够用计量分析工具呈现经济活动中存在的数量关系，即通过专业角度认识经济规律及社会现实。

2. 能力目标

计量经济学是实证研究的一种工具，借助建立计量模型，探讨经济理论与实际问题的内在逻辑。本课程培养学生利用计量经济学知识建立计量经济学模型，对模型进行分析、解决实际问题的能力，并在解决问题的过程中，创造性地提出问题解决思路，提高实践创新能力；培养学生的非确定性分析思维，增强他们对新知识、新技能的接受和再创造能力，提高创新意识和实践能力，进而提升综合素养和科研能力。同时，通过案例讨论，培养学生的批判性思维能力、写作能力、解释能力、沟通能力、表达能力及演讲能力。

四、课程基本内容及要求

结合“计量经济学”课程基本内容及要求，挖掘课程蕴含的思政元素与切入点，详见表 20。

表20　课程知识点与思政切入点

课程章节	知识点	课程思政切入点
第一章　计量经济学概述	什么是计量经济学； 计量经济学的建模思想与步骤	我国计量经济学发展的现状与展望； 认识世界、主观能动性与客观规律的关系（计量经济学：智慧之美）； 基于社会热点话题，设计建模过程，分析过程体现正确的、积极的价值观
第二章　预备知识	用数据作图； 统计学基础	搜集整理中国GDP数据，作图并进行统计分析，客观认知中国经济的发展与崛起
第三章　一元线性回归模型	一元线性回归模型的基本思想； 一元回归模型的构建及模拟	“从样本到总体”的思想，中国传统文化中对样本和总体关系的一些说法，如一叶知秋、盲人摸象……马克思主义哲学中局部与总体的关系、现象与本质的关系； 通过构建财政收入与经济增长回归模型，探讨财政收入与经济增长之间存在着相互促进，相互制约的关系
第四章　多元线性回归模型	多元回归模型的基本思想； 多元回归模型参数估计的方法； 多元回归模型的检验思想	经典假设：要不要对空想执迷不悟； 经典假设：要锲而不舍，别执迷不悟； 多元回归：人生加减法； 关注中国贸易现状，深入探索专业知识； 案例选题关注纺织服装行业，凸显行业特色； 案例选题关注北京城市发展，服务地方
第五章　回归模型的函数形式	不同模型形式的经济学含义； 不同模型形式的建模过程和结果分析	探讨中国纺织服装国际贸易能力与潜力问题，基于行业背景，深入理解专业知识
第六章　虚拟变量回归模型	虚拟变量的使用原则； 虚拟变量的加入方法	探讨企业对外投资与创新绩效，深入研究专业热点话题，牢固掌握专业知识
第七章　多重共线性	多重共线性对模型的影响； 诊断多重共线性及补救措施	结合学校发展定位——面向纺织服装、时尚和文化创意产业，坚持以艺术学为主，艺、工、经、管、文多学科协调发展，利用专业知识，探究“一带一路”倡议的实施
第八章　异方差与序列相关	异方差和序列相关对模型的影响； 异方差和序列相关的诊断和补救措施	秉承可持续发展理念，服务地方，探究城市低碳经济发展路径

五、课程思政教学设计

（一）教学设计

“计量经济学”课程思政教学的总体理念和思路，详见图 10。

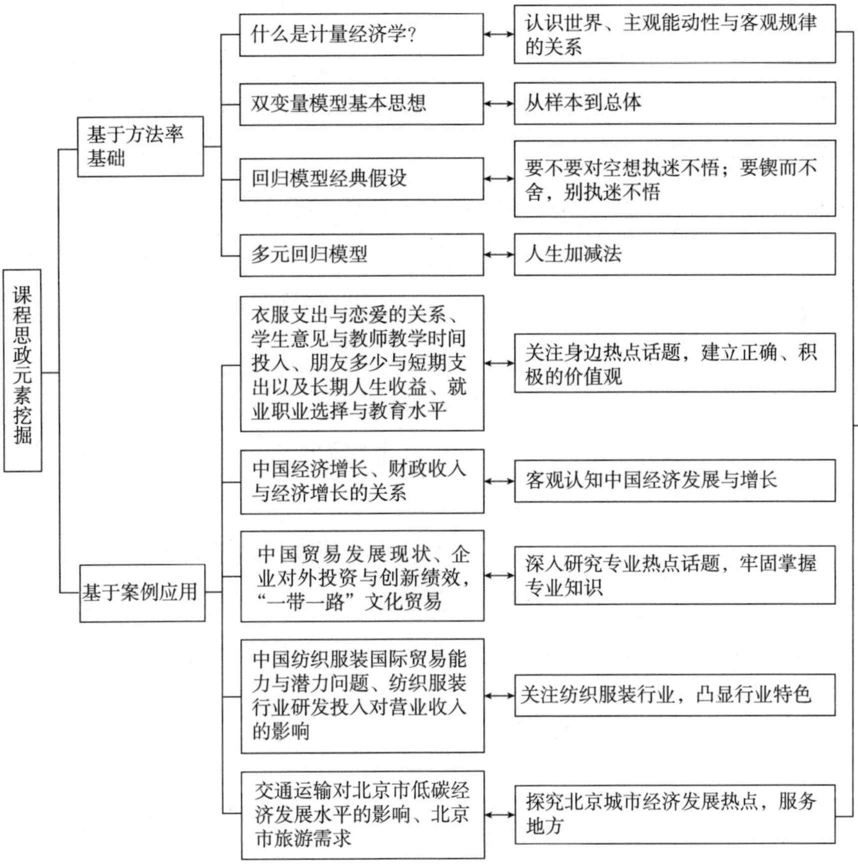

图10 “计量经济学”课程教学思政体系

1. 课程教学内容思政元素挖掘

（1）基于方法论基础

“计量经济学”课程思政元素挖掘思路之一就是基于计量经济学的基本理论知识、基础知识、前沿观点，融入马克思主义方法论，如辩证方法论、矛盾方法论等基本原理，运用归纳—演绎法、唯物辩证法、矛盾方法论、实践方法论等哲学方法实现模型设定、估计、检验和应用。也就是说，从计量方法本身挖掘人生哲学。

引入并分析《计量经济学——智慧之美》一文，可以明确计量经济学中对于“样本”有一定的描述和要求，根据计量经济学的思想，越是紊乱和无序的样本，我们就越容易得出稳定的统计定律。也就是说我们没有必要对于发生于我们周围的看起来是好的或者坏的事物耿耿于怀，我们没有必要太过挑剔上天对我们的似乎是不公正的待遇，教育学生以一种宽容心态来对待人生。甚至我们的职业追求也是如此，没有什么绝对的好或者不好，我们的人生轨迹在某些年月需要这种紊乱和无序。

就“计量经济学”这门课做思政素材的挖掘，可从计量经济学原理中所反映出的社会规律入手，也可从马克思主义哲学视角和中国传统文化的视角来审视计量经济学中的原理，取得“润物无声”的思政教育效果。

（2）基于应用案例

“计量经济学”课程思政元素挖掘思路之二就是基于方法应用案例的选择。计量经济模型在构建和应用中，需要有现实案例和大量数据，因此，在建模过程中，案例的选择就可以凸显思政要素。

案例数据样本的选择首先要体现课程思政的基本价值导向要求，或符合新时代的宏大主题，或合乎社会道德、美学或创新等价值导向和意识趋向，强调体现正向价值取向，以通过正向的价值观等隐性信息影响感染学生。其次，在软件分析的技术训练和实践操作过程中，倡导通过实证回归模型的方式为正确的社会规范和价值导向提供直接的经验证据，以通过数据、方法和实证结果检验事实，感染学生，通过优化教学设计，“计量经济学”课程所涵盖的思政育人的隐性信息，达到课堂思政育人的目的。

例如，对于每章中计量经济学理论与方法的应用，可以引入中国改革开放后的经济数据，构建模型探讨中国迅速崛起的驱动因素，认知中国经济增长的源泉。结合宏观经济与社会形势，纠正不良观点，提倡良好社会风气，从而帮助学生树立良好的学习和生活态度，培养具有家国情怀和创新意识的新时代人才。

2. 课程教学内容体现思政基因

为了更好地实现“计量经济学”课程思政教学，应树立“强基础重思政”的研究型教学理念，以研究科学问题为起点，使学生在科研探索中学习知识、提升思政及创新能力，增强团队意识，从注重教师的“教”转到学生的“学”。

例如，在虚拟变量模型构建学习内容中，引导学生科学选题，探讨消费的影响因素，从相关政策的实施、收入水平等各个角度出发，树立正确、积极向上的消费观和价值观。具体教学实现路径以应用案例为主，具体步骤包括案例选择、案例实践和案例分享。

（二）教学实践

应用案例教学设计构思如图 11 所示。

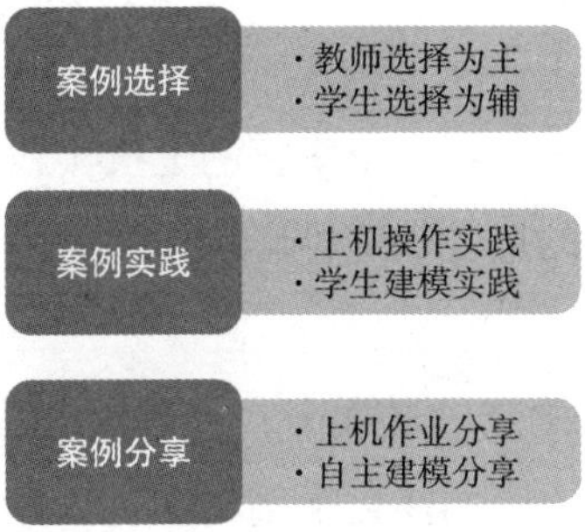

图11　应用案例教学设计体系

1. 案例选择

（1）教师选择为主

任课教师是课程思政建设的主要负责人，不但承担着讲授课程理论的任务，更肩负着在课程教学内容中进行思政教育的使命，而“计量经济学”课程绝大部分内容都是基于案例来讲解的，思政要素的提炼也主要来源于这些案例，所以，教师理应对课程思政的案例负责，不但需要恰当地选择能够讲解课程理论和方法的案例，更要在理论和方法的讲解中融入一定思政教育目标。同时，在学生自主选择案例的过程中，要给予学生一定引导和指导。

（2）学生选择为辅

教师为主的案例选择并不是说学生完全被动地接受教师的安排，没有主动性的学习无法实现预想的教学目标，只有学生也参与其中，其主动性和积极性被调动起来，被动地教育才会变成主动地思考。因此，教师应该划定某些特定的范围，让学生参与一部分案例的选择。

这个特定的范围可以结合案例的组织设计来考虑。只要给学生以适当的引导和启发，他们是可以找到合适的案例的，而在寻找和分析案例的过程中，思政教育的目标也会逐步实现。但由学生进行案例选择的前提一定是教师有预先设定的思政教育框架。

2. 案例实践

（1）上机操作实践

“计量经济学”课程有别于其他课程的一个重要特点就是课程所有的理论知识都依赖于上机实践来完成。模型的理论假定、模型的数据搜集、模型拟合、模型结果分析和政策建议，这些所有的环节中，只要案例选择恰当、问题设计合理，学生的每一步工作除了包含对计量方法的实践，同时必然包含对案例问题的理解、分析和思考。每一个案例的上机实践的完成都标志着学生对案例问题所蕴含的思政教育的接受，这种影响伴随着整个课程的全部教学工作。

（2）学生建模实践

学生在完成结课实证论文的过程中，要选择主题和案例，进行上机实践。以亲身的操作来领会教学内容和体会案例的思政教育含义，实践了自己对问题的寻找和独特发现的体验，教师围绕六种思政教育目标来布置任务，明确学生工作的方向，做好引导者的工作。这种案例思政的方式更能促使学生在学习课程理论方法的同时增强对思政教育的接受程度，通过案例搜集和案例实践的方式相互配合，学生对案例的政教育意义体验将更为深刻。

3. 案例分享

“计量经济学”课程以习题演练和上机操作为主要教学实践方式，在课程思政改革过程时，讨论分享环节必不可少。这些讨论基本上针对课堂上讲授的案例、课后布置的作业案例、学生自行搜集的案例进行。

“计量经济学”课程案例讨论的目的除了增强学生对课程理论方法的掌握，更重要的是加强学生对案例所涉及的经济理论的认识以及对由此衍生的思政教育内容的接受。具有数据支持的结论更能够让学生对案例所反映的问题有更清楚的认识，对案例所蕴含的思政教育的意义也更愿意主动接受。

案例讨论可以安排专门的课时进行，也可以分散在方法讲授和作业讲评等各个环节，分散性的讨论和实践可能效果更好一些，因为它没有体现为刻意的说教，能够做到思政内容和教学内容的自然融合，学生于潜移默化中受到影响。

4. 案例展示

案例（多元回归模型构建）主题：北京市旅游需求。

案例知识：多元回归模型建立与估计。

案例内容：旅游业一直被誉为"朝阳经济""无烟工业"，作为具有巨大发展潜力的产业，在国民经济中的地位日显重要，经济影响越来越被各地政府所重视，成为推动社会经济发展的重要因素。

近年来，北京市旅游产业有着巨大进步，旅游业收入在北京市的整体财政收入中占据重要的地位，是拉动北京市经济与人文增长的重点。发展旅游产业是深入贯彻落实科学发展观、建设"人文北京、科技北京、绿色北京"的具体体现，对推进首都产业结构优化升级、转变发展方式、落实首都城市功能定位和建设国际化大都市具有重要意义。

思政要点：学生在掌握多元线性回归模型理论知识的基础上，关注北京经济发展，服务地方。通过建模分析，挖掘影响北京市旅游需求的显著因素，得出主要结论：为了保证北京市旅游需求的稳定增长，在大力建设景区的基础设施和完善配套服务的同时，还要注重经济的发展，以及加强对于北京市旅行社质量的监管，且提高服务水平，具体提出拓宽消费领域、加强旅游服务营销、整合特色资源发展三点建议。

（三）教学反思

"计量经济学"课程教学自北京服装学院课程思政建设项目立项以来，经过教学实践，圆满完成预期任务，取得了预期的效果。教师在一年的研究实践中，搜集和阅读了大量课程相关教材，观看了其他精品课程的慕课，完善了课程的教学文件，也在实践中总结了课程思政融入课程教学的经验和不足。

作为教师，自身的专业学识、创新思维和实践及思政教育能力决定了课程思政的教学效果和学生创新能力提升效果，因此不仅要提高自身的学识水平，掌握思政课程的内容，加强自身创新创业能力，还应探索专业知识、创新创业资源与思政资源的有效协同方式。

开放经济条件下的宏观政策效果

完成人：李敏　审核人：席阳

一、课程基本情况

课程名称：国际经济学

授课对象：国际经济与贸易专业大学三年级学生

课程性质：学科基础课

二、课程简介

本课程是国际经济与贸易专业的学科基础课，包括微观和宏观部分。本课程要求学生课上完成小组讨论，课下完成书面作业并阅读一定的外文文献，能从经济学的量化角度分析国际贸易和国际金融中的相关理论，掌握国际经济学理论和政策的分析和表达方式，加深对理论的理解；能有独立思考能力，对国内国际各类经济事件有自己的独特观点。

本课程教学中所用教材为李坤望主编的《国际经济学》(第 4 版)。

三、课程任务和教学目标

本课程主要介绍国际经济学的基本理论、基本政策和分析国际经济问题的基本方法，其教学目的如下：

价值观层面：通过在课程的每一部分融入思政知识点，让学生了解在当前复杂的国际经济形势下，我国表现出的大国担当以及开放合作共赢共享的大国风范，增强学生的民族自豪感。通过追踪最新的经济信息，使学生加深对宏观经济政策的理解，实现知识传授和价值引领的统一。

知识层面：通过学习使学生较为全面和系统地了解古典国际贸易理论、新古典贸易理论、现代国际贸易理论、汇率决定理论、国际收支调整理论等，掌握对外贸易政策及其福利效应和开放经济条件下的内外平衡政策等，为其他专业课程的学习奠定理论基础。

能力层面：通过课堂分组讨论最新的国际经济事件以及课后形成书面作业的方式，培养学生关注身边经济环境的习惯。通过课下观看慕课视频，引入外文文献等形式培养学生的独立查阅文献能力，使学生拓宽知识面。

四、课程基本内容及要求

本课程基本内容及要求见表21。

表21 “国际经济学”课程基本内容及要求

课程章节	知识点	课程思政教学知识点
第一章 古典贸易理论	国际贸易的微观基础； 重商主义； 绝对优势论； 比较优势论	通过对国际贸易理论的经济学解释，学生能够以更加理性的角度理解理论并与实践相结合。通过对2017年开始的中美贸易争端及后续的演化过程的梳理，结合重商主义理论，使学生理解贸易战是美国重商主义的体现，也是与数百年来经济一体化的进程相违背的举动，让学生体会经济全球化与经济一体化过程中中国的大国担当
第二章 要素禀赋理论	H—O定理； 要素价格均等化定理； 罗伯津斯基定理	根据各国实际的要素禀赋情况构建模型，推导生产可能性边界，进而推导相对供给曲线。根据要素禀赋理论中的萨缪尔森定理，分析对比贸易对中美两国收入分配影响，激发学生的民族自豪感，体会在国际竞争中的中国优势，增强学生对中国特色社会主义的道路自信、理论自信、制度自信和文化自信
第三章 需求、技术变化与国际贸易	重叠需求理论； 产品生命周期理论	掌握近年来发展中国家之间贸易出现的新模式。引导学生认识创新和技术进步的重要性，进一步激发学生参与创新的使命感

续表

课程章节	知识点	课程思政教学知识点
第四章　规模经济、不完全竞争与国际贸易	外部规模经济与国际贸易； 垄断竞争与国际贸易； 寡头与国际贸易	理解完全竞争假设被打破后出现的各种贸易起因理论的背景，并用新贸易理论分析现实。以我国高铁技术发展和出口为例，说明规模经济如何有助于我国在新兴产业获取比较优势并实现价值链攀升，进一步激发大学生扎根基层的责任感和使命感
第五章　关税与非关税壁垒	关税； 配额； 出口补贴； 倾销与反倾销	用本章理论分析现实中存在的贸易壁垒。从经济学角度分析中美贸易争端背景下，美国贸易保护政策出台的背后原因，进一步引导学生认识维护国家正当贸易利益的重要性
第六章　贸易保护的依据	幼稚产业论； 最佳关税论； 战略性贸易政策； 贸易保护的政治经济学	用本章理论分析美国发起贸易争端的依据及我国的应对方案。通过梳理最近几年其他国家的贸易保护的依据以及我国在维护多边贸易体制，构建互利共赢全球价值链的努力，增强学生的民族自信，凸显中国智慧
第七章　国际收支调整理论	国际收支调整的弹性论； 国际收支调整的乘数论； 国际收支调整的吸收论； 国际收支调整的货币论	用理论分析当前各主要国家采用的国际收支调整方式。通过分组搜集各国国际收支数据，培养学生收集处理信息、获取新知识的能力以及良好的团结协作精神和人际沟通能力
第八章　汇率决定理论	购买力平价理论； 货币模型； 资产组合平衡模型	用本章知识分析、总结我国汇率波动的主要影响因素。通过本章内容让学生坚信必须坚持独立自主的原则，一国的汇率形成机制应由本国根据国内、国际经济的综合情况决定，从而树立学生维护国家经济安全，防范国际金融风险的意识
第九章　内外平衡理论	开放经济条件下的政策； 目标和丁伯根法则； 米德内外平衡理论； 蒙代尔的政策配合说	分析我国分别用于维持对内和对外均衡的政策效果。通过分析 2008 年金融危机发生在我国宏观政策的配合对世界经济恢复所做的贡献，增强学生民族自豪感
第十章　开放经济条件下的宏观经济政策效果	固定汇率制下宏观经济； 政策的效应分析； 浮动汇率制下宏观经济； 政策的效应分析	用经济学模型分析我国当前实施的积极财政政策和稳健货币政策。梳理我国近年来的宏观经济政策，以蒙代尔—弗莱明模型验证我国宏观政策的正确性，增强学生对我国经济发展的信心

五、课程思政教学设计

以“开放经济条件下的宏观政策效果”为例，教学设计如下。

（一）教学内容简介

本章内容为“国际经济学”课程的最后一章，是宏观经济学课程中宏观经济政策内容在本课程中的延伸。本章内容主要包括固定汇率制下的宏观经济政策和浮动汇率制下的宏观经济政策。

（二）教学目标

1. 知识层面

了解开放经济与封闭经济的区别，理解浮动汇率制下中央银行的责任，掌握浮动汇率制下财政政策和货币政策的效果。

2. 能力层面

能够在国家统计局网站、Wind 数据库查阅当前我国的经济数据和宏观政策，培养学生查阅文献和整理资料能力。

3. 价值观层面

①形成专业意识。掌握财政政策和货币政策的作用机制及其运用，养成关注、跟踪经济形势和经济问题的学习和思考习惯。

②提高职业素养。学习专业知识的同时，切身感受我国货币政策和财政政策的作用，更加深刻理解中国特色社会主义制度，坚定制度自信。增强学生对国家、社会的责任感与使命感，激发学生的学习热情，激励学生自觉把个人理性追求融入国家和民族事业。

（三）学情分析

宏观经济学中已经学习了 IS—LM 模型分析宏观经济政策效果。本部分内容将模型扩展到分析对外均衡，扩展为 IS—LM—BP 模型，三条线的斜率不同，政策效果也不同，对学生来说学习起来有些困难。

（四）教学重点和难点

1. 教学重点

①浮动汇率制下财政政策的效果。

②浮动汇率制下货币政策的效果。

2. 教学难点

① IS—LM—BP 模型。

② IS—LM—BP 模型对现实情况的分析。

3. 解决方法

①运用具体的经济数据引入辅助学生理解模型。

②通过分析东南亚金融危机和美国次贷危机中我国采用的宏观经济政策验证模型有效性。

（五）教学方法和手段

①线上学习与线下讲授相结合。课前布置线上学习任务，课后进行知识检测，课中进行核心知识点的研讨和实践教学。

②举例法。针对学生不易掌握的模型，通过列举各国的经济现状，让模型更形象、更具体。

③对比分析法。将我国的经济形势与其他国家的经济形势进行对比分析，更清晰地理解模型的应用。

④数据分析法。使用我国真实的利率、汇率、股价、商品价格及进、出口数据等，形象展示我国为了保障经济发展和人民健康所做的努力。

（六）教学过程

本节课程教学过程见表 22。

表22　教学过程

教学内容	教学思路	学时分配
复习回顾： 宏观经济学所学 IS—LM 模型的推导。 IS 曲线和 LM 曲线的含义、形状、推导过程	课前通过雨课堂平台发布课前准备任务，回顾宏观经济学内容，为本章做准备	0.5 学时
复习引例：东南亚金融危机 1997 年 1 月，东南亚金融危机爆发，从泰国开始，然后迅速蔓延到整个东南部，并蔓延到世界各地，导致东南亚许多国家和地区的外汇市场和股票市场相继暴跌。金融体系甚至整个社会的经济都受到了严重影响。从 1997 年 7 月到 1998 年 1 月，仅半年间，东南亚大部分国家和地区的货币贬值幅度高达 30% ~50%，印尼盾贬值幅度超过 70%。同期，这些国家和地区的股市下跌了 30%～ 60%。	以此案例引导学生用 IS—LM 模型分析当时宏观政策的效果，增强对我国政府稳定经济的信心，为后面内容做铺垫	0.5 学时

续表

教学内容	教学思路	学时分配
据估计，在此次金融危机中，仅外汇市场和股市下跌一项，就会给东南亚同行和地区造成逾1000亿美元的经济损失。受外汇市场和股市崩盘影响，这些国家和民族地区经历了严重的经济衰退。 案例引出问题：此次危机给我国的启示是什么？危机爆发后我国采取了什么宏观政策来刺激经济？政策效果如何？	以此案例引导学生用IS—LM模型分析当时宏观政策的效果，增强对我国政府稳定经济的信心，为后面内容做铺垫	0.5学时
1. 固定汇率制下的宏观经济政策 本节用IS—LM—BP模型分析固定汇率制下，一国宏观经济政策的效果。 （1）固定汇率制下的货币政策 在固定汇率制度下，如果资本具有完全流动性，则一国不可能执行独立的货币政策，任何扩张或紧缩货币供给的企图都将被资本的迅速巨额流动及央行保持固定汇率的承诺相抵消。 （2）固定汇率制下的财政政策 固定汇率制下，财政政策则会收到意想不到的效果，同样由于上述原因而使国际收支恢复均衡，对国民收入的影响却进一步扩大了	总体把握本章内容。 回顾我国在2005年汇率改革之前的财政政策和货币政策	3学时
2. 浮动汇率制下宏观经济政策 本节用IS—LM—BP模型分析浮动汇率制下，一国宏观经济政策的效果。 （1）浮动汇率制下的货币政策 浮动汇率制下，资本流动性越高，货币政策越有效。 （2）浮动汇率制下的财政政策 在浮动汇率制下，财政政策的作用不像货币政策那么明确，其影响力受国际资本流动性的影响，资国际本流动利率弹性越大，财政政策的作用效果就越有限	分析美国的高通胀，以及美联储加息对经济的影响效果	3学时
通过中国人民银行网站、中国货币网、Wind资讯终端等下载数据，搜集2020年以来我国的货币政策，让学生认识到宏观政策在稳定经济中的重要地位，并结合我国宏观政策发展进程，引导学生从政策效果角度理解我国当前的经济现状及政策的必要性。 案例引入：稳健货币政策的使命与担当 “稳健”始终是我国货币政策的主基调。坚持这一主基调，我国的货币政策实践既有效支持了国民经济健康可持续发展和人民生活水平提高，维护了经济社会生活秩序稳定，又积极推进了金融体制的市场化改革，抵御了多次国际金融危机的严重冲击，取得了举世公认的伟大成就，给发展中国家制定货币政策、完善宏观调控提	案例讨论前，学生要提前预习货币政策相关知识，对货币政策目标、货币政策工具等有大致认识。 学生需提前查阅资料，了解近年来我国货币政策的具体实施情况。	1学时

续表

教学内容	教学思路	学时分配
供了可借鉴的宝贵经验。特别是2020年新型冠状病毒感染暴发以来，稳健的货币政策更加灵活适度、精准导向，综合运用并创新多种货币政策工具，体现了其前瞻性、精准性和时效性，大力支持疫情防控、复工复产和实体经济发展，有效防控金融风险，金融服务实体经济的质量和效率逐步提高。存量浮动利率贷款定价基准转换顺利完成，贷款市场报价利率改革红利持续释放，货币传导效率增强，贷款利率明显下降，人民币汇率总体稳定，向浮动弹性提升，发挥了宏观经济稳定器功能。 案例总结：货币政策既是一项主要的宏观经济调控政策，更是一国经济主权的重要基石，货币政策的内容主要包括最终目标、中间目标、政策工具和调控机制等。学好货币政策，学生不仅需掌握以上内容，还需要通过本案例了解我国货币政策的实施情况，理解具有中国特色的稳健货币政策的内涵、意义以及实施手段，从而感受新时代我国稳健货币政策的使命与担当，坚定中国特色社会主义道路自信、理论自信、制度自信和文化自信	根据本次课所学内容，浮动汇率制下，资本流动性越高，货币政策效果越大。我国实行的是浮动汇率制，而且随着利率和汇率的市场化改革，资本流动性越来越高，因此货币政策对提振经济起了很大作用	1学时

国潮品牌助力李宁快速提升盈利质量案例分析

完成人：邵争艳　审核人：席阳

一、课程基本情况

课程名称：财务报表分析

授课对象：会计学专业大学三年级学生

课程性质：专业课

二、课程简介

本课程是面向会计学专业学生开设的一门专业必修课程。学生通过学习本课程，能够加深对财务报表的理解，掌握财务报表分析方法，具备评价企业财务状况和经营成果的能力，提升在投融资及经营管理决策中的会计信息利用水平。本课程所用教材为张新民、钱爱民编著的《财务报表分析》(第 6 版)。本课程主要内容包括战略分析、会计分析、财务分析、前景分析及结合杜邦分析法的企业业绩综合评价等内容。

课程特色表现为：首先，课堂讲授注重财务报表分析知识的系统性与逻辑性，课程以资产负债表、利润表、现金流量表分析为主线，运用水平趋势分析、垂直趋势分析等多种分析手段和方法，系统展示财报数据之间的内在逻辑性和相互关联性，帮助学生读懂财报数据，全面认识企业的财务状况和经营成果，理解财务报表背后的战略意图和经营行为。其次，课堂讲授与案例讨论相结合，注重理论学习与实践训练的有机结合，专业讲授与思政教育的无缝衔接，借助云班课 App 智慧教学平台，采用案例分析、小组合作、项目式学习、问题探究等多种教学方法，训练学生的逻辑思维和表达能力，激发学生的学习热情，培养学生的创新能力。最后，课程以知识为载体，以学生逻辑思维能力的构建和价值塑造为核心，让学生植厚爱党、爱国的家国情怀，严守财经法纪和职业道德底线，培养学生运用马克思主义立场分析问题的能力，增强学生以民族复兴为己任的社会责任感。课程通过“知识传授、能力培养、价值塑造”三位一体的课程设计体系，实现课程思政教学目标。

三、课程任务和教学目标

（一）思政目标

①以社会主义核心价值观为导向，植厚学生家国情怀，增强学生社会责任意识。

②运用马克思辩证唯物主义思想，帮助学生系统思考报表间数据关系，培养求真务实的科学精神。

③课程案例与经世济民、以利和义、守信践诺、取予以仁、持恒精进等中华传统优秀商业文化相结合，帮助学生树立正确的义利观，加强财经法治观念，提升会计职业道德修养。

（二）教学目标

①使学生掌握财务报表分析涉及的基本概念和基本原理。

②使学生熟练掌握并应用财务报表分析方法。

③使学生重点掌握对资产负债表、利润表和现金流量表的阅读和分析技能。

④使学生能够对企业的营运能力、偿债能力、盈利能力和发展能力做出科学评价。

四、课程基本内容及要求

本课程基本内容及要求见表23。

表23 “财务报表分析”课程基本内容及要求

课程章节	知识点	课程思政教学知识点
第一章 财务报表分析概论	财务报表分析的主体、内容、分析方法	结合当前“大智移物云”时代背景，介绍最新的智能财务分析方法，激发学生的求知欲、使命感和对专业的热爱，培养学生勇于创新的精神

续表

课程章节	知识点	课程思政教学知识点
第二章　财务报表分析的逻辑框架	战略分析、会计分析、财务分析、前景分析	运用战略分析中的PEST分析工具，结合某企业债务危机案例，教育学生要牢固树立“四个意识”，旗帜鲜明地讲政治，摆正国家利益和个人发展的关系，形成正确的人生观和价值观
第三章　资产负债表分析	资产质量整体分析及存货等重点项目分析	讲解刘姝威教授如何利用存货质量分析法揭露蓝田股份的财务造假案例，引导学生学习知识和分析技能的同时加强对学生诚信守法的职业道德教育
	资本质量整体分析及应付账款等重点项目分析	讲解某企业IPO暂缓上市案例，揭露该公司利用资产证券化方式，无限放大财务杠杆危害社会的行为，增强学生社会责任意识，坚定中国特色社会主义道路自信
第四章　利润表分析	利润表整体质量分析及营业收入、成本等重点项目分析	讲解李宁公司通过打造国潮品牌扭亏为盈快速提升盈利质量的案例，激发学生提高中国文化软实力的热情，树立文化强国的认知
第五章　现金流量表分析	经营活动现金流量质量分析、投资活动现金流量质量分析、筹资活动现金流量质量分析	结合康美药业财务造假案例，运用辩证唯物主义和系统论的思维方法，教会学生分析营业利润与经营现金流的内在关系，识别企业的异常财务状况，提升学生三大财务思维能力，培养求真务实的精神
第六章　所有者权益变动表分析	所有者权益变动表项目分析及相关比率分析	讲解雷士照明股权争夺案，说明股东入资、股权结构、公司治理等因素对公司战略及经营状况的影响，引导学生关注我国公司治理体系和治理能力现代化问题
第七章　财务报告其他重要信息分析	会计政策变更、会计估计变更、会计差错变更、报表日后事项、关联方交易以及合并报表信息分析	讲解乐视网关联方交易的案例，锻炼学生收集及识别关联方信息的能力，理解关联方关系及交易对企业财务信息披露的影响，培养学生敢于探索、一丝不苟的钻研精神
第八章　企业绩效综合分析	杜邦分析法、综合评分法、经济增加值（EVA）评价法	讲解杜邦分析法中所蕴含的马克思主义哲学矛盾观，教会学生量化分析判断影响企业净资产收益率的主要因素，动态观察因素间此消彼长的矛盾转换过程和规律，培养学生客观全面看待问题的科学精神

五、课程思政教学设计

（一）教学设计

以利润表分析为例，本次课在讲授利润质量分析时，精心筛选研究案例，讲解李宁公司通过国潮品牌扭亏为盈、快速提升盈利质量的案例，突出“知识传授、能力培养、价值塑造”三位一体的课程教学目标。在知识方面，要求学生从利润持续性、利润结构合理性和利润现金含量三个方面，掌握利润质量分析方法；在能力方面，要求学生熟练运用Excel编制利润表水平趋势分析表和垂直趋势分析表，并能通过东方财富网、国泰安等数据库找到分析过程中要用到的行业均值数据，以及反映企业盈利质量的非财务数据，提升学生的数据搜集和分析能力；在价值塑造方面，边讲边练，培养学生用辩证唯物主义思想分析财务问题的科学精神，通过案例讨论，引导学生坚定文化自信、树立文化强国的伟大理想，以实际行动增强中国话语权。

（二）教学实践

1. 教学方法

教学方法包括混合式教学、课堂教授、案例教学、小组合作学习等多种方式。

2. 教学过程

本节以第四章第三节“利润质量分析”为教学内容，详细阐述依托云班课App智慧教学平台，开展专业课程思政教学的具体实施过程。

（1）课前准备阶段

教师活动：课前先通过云班课App把第四章“利润表分析”课件上传到资源列表中课件栏中，方便学生提前预习新课内容。为了提升预习效果，课前在资源列表中同时上传对应章节的慕课视频链接，力争通过翻转课堂的方式，让学生学会自学，提前了解和消化课上要讲的知识点。

教师除了针对专业知识备课，还需要针对思政内容备课。根据本节课知识点对应的内容，选择《国潮品牌“李宁”背后的故事》作为课程引导案例，向学生布置课前任务：提前了解李宁品牌的发展历程，并在网上搜集李宁公司最近10年的财务报告，节选利润表部分进行分析，思考公司品牌定位与公司盈利之间的关系。

学生活动：学生登录云班课 App，提前预习教师发布的课件及配套慕课视频，观看课前引导案例，并参与教师课前发布的轻直播 / 讨论活动，学生可以自由选择发布视频、语音、图片或文字消息进行讨论，回答老师布置的引导案例思考题。

（2）课堂教学阶段

首先是知识讲授环节：

教师活动：讲述利润表的构成及在财务分析中的作用；讲述利润表分析的方法和手段，教会学生编制关于利润表的水平趋势分析表和垂直趋势分析表；讲述利润整体质量分析的三个关键内容，即利润持续性分析、利润构成合理性分析、利润现金含量分析。

学生活动：牢记利润表的构成及主要项目的含义，熟悉毛利润、营业利润、营业外收支、利润总额等指标的计算。学会通过东方财富网等网站，Choice 金融终端、国泰安等数据库查找并下载上市公司的利润表资料，并以李宁公司财报数据为分析对象，学会运用 Excel 编制利润表的水平趋势分析表和垂直趋势分析表。掌握利润表整体质量分析的思路和关键分析指标，熟悉指标之间的相互关系。

课程思政切入点：在讲解知识的过程中，让学生边学边练，提升学生数据搜集和分析能力的同时，培养学生脚踏实地、求真务实的精神，灵活运用辩证唯物主义思想，分析利润增长、利润构成及与经营活动现金流之间的关系。结合宏观经济背景及行业均值水平，辨识利润表分析过程中的异常指标。

其次是案例讨论环节：

案例导入：教师讲授课前引导案例的主要内容，重点让学生关注李宁公司近十年的品牌战略重塑和调整历程，思考品牌战略转型背后的财务战略调整方向及对利润表的影响，建立与本次课程的知识联结。

案例分析：对李宁公司近十年的利润质量进行分析。

教师提问：企业的品牌定位对企业盈利状况有影响吗，应当从哪些维度评价企业盈利质量的高低呢？学生回答：从收入和利润的成长性和波动性指标看盈利的持续性；从利润的构成看利润生成过程的合理性以及与战略的吻合性；从利润产生经营活动现金流量的能力看利润的含金量。通常利润构成合理，符合企业战略定位，且增长稳定，现金回收能力强，说明企业的盈利质量高。

教师从利润持续性、利润构成、利润现金含量三个方面展示李宁公司利润质量分析过程，让学生结合数据分析结果、回答问题、总结案例学习心得。

①利润持续性分析。从2011—2020年李宁公司营业收入和营业利润增长率的变化来看，公司在品牌重塑期，收入大幅下降的同时，利润下降的速度更快，盈利能力持续下降。2014年虽然收入有所增长，但呈现增收不增利的状况，说明公司面临激烈的市场竞争，销售难度很大，需要付出巨大的成本，以牺牲利润为代价，才能维持一定规模的市场销量。2015年李宁先生重新执掌公司，调整品牌定位和产品方向后，盈利能力持续改善，营业收入和利润双双呈现快速上升的势头，且每年利润增速快于收入增速，即使在新型冠状病毒感染期间，利润依然呈现快速增长的势头。可见，企业经营战略的调整获得了市场的广泛认可，自2015年以来公司盈利的稳定性良好，且能保持持续快速增长，见表24。

表24　2011—2020年李宁公司收入和营业利润增长率

年份	2011年	2012年	2013年	2014年	2015年	2016年	2017年	2018年	2019年	2020年
营业收入同比增长率/%	−5.80	−24.52	−12.77	15.51	17.24	13.06	10.71	18.45	31.95	4.23
营业利润同比增长率/%	−59.21	−352.4	89.40	−212.2	124.43	145.63	15.52	74.38	98.57	42.30

数据来源：国泰安数据库。

②利润结构及合理性分析。2011—2014年，公司尚在品牌重塑期，营业成本占收入的比重维持在55%；但2015年以来，营业成本支出比重持续下降，毛利占比持续上升，2020年达到49%。可见，李宁品牌产品附加值持续提高，竞争力在持续提升。

2011—2014年，公司销售费用占收入的比重持续上升，产品附加值低，市场竞争激烈，企业不得不在市场宣传推广方面投入大笔费用，加大促销力度。但2015年以来，销售费用占比持续下降，企业依靠科技创新和国潮文化铸魂，提升了产品的品质和时尚感，产品本身即广告，在一定程度上降低了销售费用的支出强度，提高了企业的获利能力。

随着自身获利能力的增强，公司减少了对银行负债资金的依赖，节约了财务成本，2017 年以后公司财务成本占比为零，进一步提升了公司的获利能力。

综上所述，随着企业产品战略的调整，利润的形成过程及利润结构也会发生变化。2015 年以前，公司科技研发投入较少，产品附加值较低，成本结构以变动成本为主；2015 年以来，加大了对产品时尚外形和内在品质的研发力度，生产的智能化程度也在提升，变动成本所占比重逐年下降，产品附加值不断提高。可见，企业利润结构变化与企业战略转型相匹配，利润的形成过程合理，见表 25。

表25　2011—2020年李宁公司利润结构

年份	2011 年	2012 年	2013 年	2014 年	2015 年	2016 年	2017 年	2018 年	2019 年	2020 年
营业收入 /%	100	100	100	100	100	100	100	100	100	100
营业成本 /%	−55	−62	−55	−55	−55	−54	−53	−52	−51	−51
毛利 /%	45	38	45	45	45	46	47	48	49	49
销售费用 /%	−33	−39	−46	−46	−38	−37	−37	−35	−32	−31
行政开支 /%	−7	−25	−4	−10	−5	−5	−6	−6	−7	−6
财务成本 /%	−1	−3	−3	−2	−2	−1	0	0	0	0
税前利润 /%	6	−27	−5	−13	0	4	6	8	13	16

数据来源：国泰安数据库。

③盈利的现金含量分析。企业盈利的含金量分析，主要通过利润表中的收入或者是营业利润与现金流量表中的经营活动现金净流量比较，分析营业收入或者是营业利润通过经营活动回收现金流的能力。该比值越高，说明企业销售活动产生现金流的能力越强，盈利质量越高。

从图 12 可以明显看出，公司自 2015 年以来，营业收入产生的经营活动现金净流量持续快速增长，盈利质量得到显著改善。反观 2015 年以前的品牌重塑期，公司营业收入规模持续下降的同时，经营活动产生的现金净流量更是入不敷出，需要靠不断借外债艰难维持日常经营，盈利质量严重恶化。

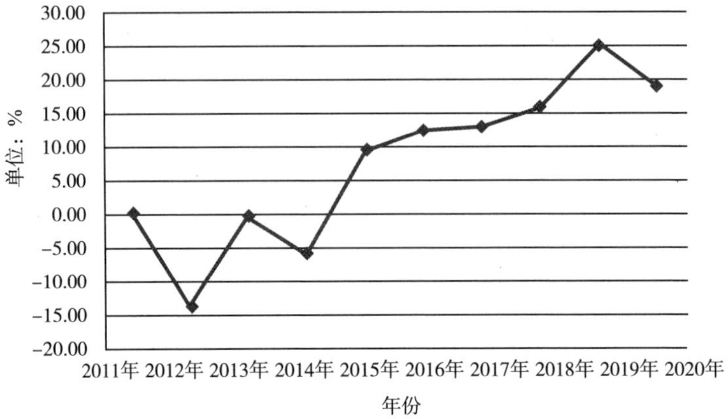

图12　2011—2020年李宁公司经营活动产生的现金流量净额与营业收入的比值变化

案例讨论问题：

①你从李宁公司的品牌复兴故事中悟到了哪些做人做事的道理？引导学生思考遇到挫折后，应当在思想观念上、具体行动上采取哪些措施克服困境，实现逆势成长？

②李宁公司最近十年经历了过山车似的发展，2015 年以来盈利质量明显提升，结合财务数据思考公司做对了哪些事，才摆脱了巨额亏损的局面，实现了盈利的大幅度增长？引导学生深刻体会文化强国的意义，坚定文化自信。

③网上自行搜集数据资料，比较李宁公司、安踏公司与国际时尚品牌企业的研发费用占比，分析李宁公司在研发费用方面的投入强度，结合公司战略定位，阐述公司未来可能面临的问题。引发学生关注中国头部时尚企业与世界知名时尚品牌企业在研发投入强度方面的差距，2020 年，李宁公司、安踏公司研发费用占收入的比重分别为 2.2% 和 3.1%。而某国际时尚品牌企业的研发费用率在 10% 左右，保持足够的研发投入力度是中国时尚品牌企业赶超国际品牌的法宝，也是新时代中国企业实现高质量发展的必由之路。必须有科技实力做支撑，才能增强国潮品牌实力，增强中国时尚话语权。通过国内外时尚企业的广泛比较，拓宽学生的格局和视野，激发学生为做强中国时尚产业而努力奋斗的使命感和责任感。

（三）教学反思

通过精心筛选和设计课堂讲述案例，学生不仅在专业知识和技能上有所提升，在思想觉悟上也有了明显提高。关心政治、关心实事、关注中国企业发展的人多了，学生的格局和视野变宽了，听课的效率提高了，互动过程中学生提问的数量和质量都提高了。

课程思政案例教学能够有效提高专业课程思政教育质量。但困难在于：与专业契合度极高的案例不好寻找，需要教师自编案例，数据及相关资料收集工作量大；在案例讲授过程当中需要有足够的时间和学生进行互动交流，如果课程涉及的知识点过多，或者班级人数较多，就难以有效开展这种深层的互动交流。今后可采取小班授课的方式，利用圆桌会议、项目学习等手段，将思政教育无缝融入专业教学的全过程。

自主探究　内化能力

完成人：陆亚新　审核人：席阳

一、课程基本情况

课程名称：服装营销实务与模拟

授课对象：市场营销专业大学三年级学生

课程性质：专业课

二、课程简介

本课程是市场营销专业的必修课程，是培养营销专业能力的综合性课程。本课程以任务为导向，项目驱动，在巩固原有专业理论的基础上，打破原有课程的理论教学体系，突出应用性和操作性，按照营销岗位的工作内容和流程把课程内容整合成发现市场机会、制定目标营销战略和市场营销策略等几个相互关联的工作任务，每个工作任务下又根据实战划分为若干工作项目，构建了集理论、方法、实践操作为一体的教学内容体系，并结合计算机模拟实验培养具有现代市场意识和专业素质，能够熟练运用营销管理理论并能独立进行市场营销策划及组织实施，具备较强的综合能力和创新精神的市场营销专业人才。

本课程教学中所用参考书目包括宋彧主编的《市场营销原理与实务》（第2版）、吴健安和聂元昆主编的《市场营销学》（第7版）、赵洪珊主编的《服装市场营销》。

三、课程教学目标

（一）思政目标

①通过理解并掌握市场营销基本原理和方法，培养学生的科学精神和系统思维。

②使学生能够利用课程中所学的方法和工具，为特定领域的营销实践问题提供有针对性、情景化的解决方案，培养学生独立思考能力、创新能力和实践能力。

③通过课程学习，提升学生的洞察力和感知力，增强学生的道德判断力和价值荣誉感，引导学生肩负中国特色社会主义新时代下的青年使命。

（二）教学目标

①通过本课程的学习，使学生进一步掌握市场营销学的基本原理和方法。

②使学生能够熟练运用营销管理理论并能独立进行市场营销策划及组织实施。

③通过以情境化、任务导向为特色的实践教学及计算机模拟实验，将本课程专业知识系统地融于实践全过程，培养学生独立与协作工作的能力，切实提高学生的专业技能和处理实际问题的综合素质。

四、课程基本内容及要求

课程基本内容及要求见表26。

表26　“服造营销实务与模拟”课程基本内容及要求

课程章节	知识点	课程思政教学知识点
第一章　认识市场营销	市场营销观念的演变，营销管理过程，市场营销的内涵，市场营销的核心概念	正确认识市场营销（科学发展观、社会营销、绿色营销等可持续发展的营销理念）；案例：“为别人撑把伞”的鸿星尔克（企业社会责任）；顾客导向（以客户为中心的服务理念）

续表

课程章节	知识点	课程思政教学知识点
第二章　分析市场机会	市场营销信息系统，市场营销环境分析，消费者市场及其购买行为，组织市场购买行为，竞争者分析，市场营销调研方法及技术	营销环境分析（道路自信、制度自信、文化自信、民族自豪感和法律意识）；消费者市场及其购买行为（关注社会变化，提升洞察力和感知力）； 案例：休闲服装市场森马、美特斯邦威双雄斗（我国服装品牌的发展与崛起）
第三章　设计与开发营销战略	企业战略的含义、特征和层次，市场营销战略规划，目标市场营销战略（市场细分、目标市场选择、市场定位），竞争性营销战略	市场营销战略规划（企业初心与使命，家国情怀和爱国主义教育） 竞争性营销战略（正确的竞争观念）
第四章　计划与制定营销方案	国际市场营销，品牌与包装策略，产品策略，定价策略，分销渠道策略，促销策略，在线营销策略	营销策略制定（创新思维和创新能力、目标意识和使命感、中华民族传统文化传承、中国制造和工匠精神）；国际市场营销（道路自信、文化自信、家国情怀和爱国主义教育）
第五章　实施与管理营销活动	营销道德规范与社会责任，营销团队组建和营销人员的管理，市场营销计划，市场营销组织，市场营销实施过程，市场营销控制	营销道德规范与社会责任（职业道德素质、诚实守信、勇于担当社会责任的价值观）；市场营销计划的制订与组织（营销人员专业素质、团队精神、企业家精神）
实验一：市场营销模拟实验概述	认识市场营销模拟实验，掌握市场营销模拟软件基本操作	科学精神、系统思维、创新能力、实践能力、法治精神、营销职业道德和专业素质
实验二：企业市场营销战略制定与实施	组建虚拟企业，熟悉商业环境，制定企业市场选择战略，制定企业竞争战略	科学精神、系统思维、创新能力、实践能力、法治精神、营销职业道德和专业素质、团队精神与合作意识、艰苦创业的精神

续表

课程章节	知识点	课程思政教学知识点
实验三：企业营销策略的制定与实施	企业产品策略制定与实施。企业产品销售策略制定与实施：分销渠道的选择与管理；市场开拓。企业促销策略的制定与实施	科学精神、系统思维、创新能力、实践能力、法治精神、营销职业道德和专业素质、团队精神与合作意识、艰苦创业的精神
实验四：市场营销模拟实验综合练习	市场营销模拟实验综合练习	科学精神、系统思维、创新能力、实践能力、法治精神、营销职业道德和专业素质、团队精神与合作意识、艰苦创业的精神

五、课程思政教学设计

学生已经学习了“市场营销学”课程，掌握了市场营销的基本理论，本课程侧重于应用所学理论进行市场营销策划、组织和实施，培养能够深刻理解服装市场，掌握营销领域的专门知识，具备营销业务操作技能及较强的实际工作能力，具有良好职业素养和职业道德的应用型人才。

（一）教学设计

1. 教学内容

第一章“认识市场营销”。

2. 教学目标

知识目标：在复习市场营销内涵、市场营销观念的演变和市场营销的核心概念的基础上，了解服装企业营销现状，正确认识市场营销目标和任务，把握市场营销的价值观。

能力目标：引导学生对营销的本质和内涵进行思考，提升学生的洞察力和感知力。

价值观目标：引导学生肩负新时代下的青年使命，增强学生的道德判断力和价值荣誉感，坚持科学发展观、绿色营销和可持续发展的营销理念。

3. 教学设计思路

本设计的出发点是结合专业培养目标、课程性质和学生的特点，贯彻以学生为本的教学理念，将专业知识点与案例内容无缝连接，通过分组讨论、翻转课堂、任务驱动等具体教学举措，引导学生自主探究，对营销的本质和内涵进行思考，提升学生的洞察力和感知力，增强学生的道德判断力和价值荣誉感，坚持科学发展观、绿色营销和可持续发展的营销理念。

本课程采用“线上＋线下”相结合的教学方式。本章课程设计从新闻事件导入，结合知识点讲解、课堂提问和互动、小组讨论和案例分析层层深入，最后留下课后思考内容。

（二）教学实践

1. 课前

在网络平台（中国大学慕课、课程群）安排学习任务。

①预习视频《营销策划的基本认知》和《营销策划的理论基础》。

②推送《市场营销基本理论测试题》，请学生完成考核，通过测试了解学生掌握市场营销理论的情况，根据学生对基本理论的掌握程度和在线学习行为数据进行后续课程内容的微调，对普遍掌握薄弱的知识点进行重点阐述，并在课中设计开展差异化、个性化的教学活动。

③阅读案例材料《“为别人撑把伞”的鸿星尔克》，思考：企业社会责任与企业营销两者是什么关系？鸿星尔克始终奉行“有国才有家”，如何理解这句话？让学生带着疑问和思考进入课堂学习。

2. 课中

（1）课堂导入

通过安踏等品牌的新闻事件，请学生思考并回答：“各品牌秉承什么营销理念，它们最近开展了哪些营销活动？”并请学生思考不同服装品牌的营销理念和做法有何异同。

通过此环节在引出市场营销的定义、基本策略与发展现状，介绍课程内容的同时，引导学生对营销的本质和内涵进行思考，提升学生的洞察力和感知力，并引入思政元素，激发学生的爱国主义情怀、对本土品牌和民族文化的自信，树立正确的文化观。

（2）知识点讲解和自主探究

从课前测试发现，学生对很多市场营销学的原理和方法理解不透，因此我们整理了市场营销的关键概念，在课堂上对概念进行深入浅出的分析和讲解，为后续学习奠定坚实基础。

同时，结合学生在课前测试中暴露出的问题，教师对存在相似问题的学生进行差异化分组，针对各组存在的问题在课中实现“精准导学”。

课程安排如下：

第一节：市场和市场营销，在本部分教学中，教师先带领学生回顾知识点：市场营销的概念、市场营销学框架图。

通过讲解市场营销学框架，使学生把握市场营销活动的整体脉络，了解课程安排及企业不同营销职能。

使学生掌握市场的概念并应用。市场是由一切具有特定欲望和需求并且愿意和能够以交换来满足这些需求的潜在顾客所组成。

提供 2022 年北京冬奥会背景、国家推动冰雪运动的相关政策、我国冰雪运动发展状况等素材。请学生测算：北京冬奥会带热中国冰雪运动，请测算我国滑雪服的市场有多大?

课堂讨论测算依据，厘清市场规模测算的流程及要点，锻炼学生的逻辑思维与全局观念，课后学生完成测算。同时，通过我国成功举办 2022 年冬奥会，激发学生的爱国主义情怀和民族自豪感。

第二节：市场营销观念，在本部分教学中，教师先带领学生回顾知识点：生产观念—产品观念—推销观念—市场营销观念—社会市场营销观念。

市场营销观念反映的是企业在开展市场营销活动中处理企业自身、顾客和社会三方利益时所持有的态度，它作为一种指导思想直接决定企业的营销行为。通过对传统的生产观念、产品观念、推销观念和现代的营销观念和社会营销观念进行对比分析，了解各种市场营销观念的产生背景、主旨思想、具体经营行为及每一次演变的原因，分析传统营销观念的弊端及现代营销观念产生的意义。通过实际案例分析社会营销观念的运用，提出企业的经营活动不应该只看重经济利益，还要承担一定的社会责任，并坚持科学发展观，应肩负“绿水青山”使命，坚持可持续发展的营销理念。

第三节：市场营销的核心概念，重点包括：顾客导向、整合营销、顾客满意。

顾客导向：认识顾客需求、实行市场细分、产品与促销的差异化、进行顾客研究、优化资源配置。

以可口可乐公司为例，讨论可口可乐公司目前是坚持顾客导向还是企业导向。

整合营销：职能部门的配合、营销机能的配合。整合营销传播的核心思想是以整合企业内外部所有资源为手段，再造企业的生产行为与市场行为，充分调动一切积极因素以实现企业统一的传播目标。整合营销变单向诉求和灌输为双向沟通。树立产品品牌在消费者心中的地位，建立长期关系，达到消费者和厂家的双赢。通过一些具体的例子，如麦当劳与中国移动动感地带品牌的联合营销，区别整合营销与整合营销传播这两个概念。

顾客满意：顾客满意是经济发展的必然，是以人为本观念普及的必然结果。随着市场竞争日趋白热化，企业间的较量已开始从基于产品的竞争转向基于顾客资源的竞争，顾客资源正在逐渐取代产品。

本节内容均是市场营销的核心内容，根据课前测试结果针对不同层次的学习小组创建个性化“问题集”，启发学生主动思考，内化迁移知识，培养学生良好的职业素养，引导学生感悟理论。

（3）案例讨论

整个案例课的课堂时间控制在 80 ～ 90 分钟。课前计划：提出启发性思考题，请同学在课前完成阅读和初步思考。课中计划：简要的案例回顾，明确讨论主题（10 分钟）；分组讨论（20 分钟）；小组发言（每组 5 分钟，控制在 30 分钟）；案例总结（20 分钟）。

案例选用《“为别人撑把伞”的鸿星尔克》，本案例的教学目的是通过案例的学习和分析，使学生能够深刻地认识并理解社会市场营销观念，深入理解企业履行社会责任和企业营销活动的关系以及如何通过履行社会责任增强企业的成长能力及获利能力，帮助学生更好地在企业营销实践中建立全面、系统的分析视角。

启发性思考题：

① 鸿星尔克捐赠价值 5000 万元的物资驰援灾区仅是一次捐赠吗？

② 鸿星尔克在自身经营状况不佳甚至亏损的情况下仍不断履行社会责任，有必要吗？

③ 鸿星尔克在履行社会责任的同时如何做好企业产品的市场营销？

④ 企业如何兼顾消费者、企业本身和社会的利益，你有哪些思考和建议？

教师引导学生进行总结，通过讨论本案例，教师提炼归纳，围绕政治认同、家国情怀、文化修养等内容坚定学生的理想信念。

3. 课后

教师布置课后拓展任务，让每个学生自主探究测算我国滑雪服的市场有多大。

学生继续根据教师上传的学习资源完成学习任务。

教师精选与课程内容相关的拓展材料，利用在线平台推送给学生，由其课下阅读。

（三）教学反思

本次课程通过分组讨论、翻转课堂、任务驱动等具体教学举措，融入北京冬奥会、鸿星尔克等案例激发民族自豪感、植入企业社会责任感，培养学生经世济民的思想政治觉悟；通过市场营销相关概念的阐述及我国滑雪服市场规模的测算等使学生提升自主学习能力、树立专业自信心、提升职业素养。

专业课程思政建设需要解决好专业教育和思想政治教育“两张皮”问题。本课程主要引导学生深入社会实践、关注现实问题，培育学生经世济民的职业素养。当然，仅通过一节课的教学完全实现育人目标并不现实，还需在整门课程甚至所有的课堂教学中落实思想政治建设，才能发挥润物细无声的作用，培养出合格的新时代建设者。

“国际企业管理”课程思政改革研究

完成人：马琳　审核人：席阳

一、课程基本情况

课程名称：国际企业管理

授课对象：商学院工商管理专业本科学生

课程性质：学科基础课

二、课程简介

自《关于深化新时代学校思想政治理论课改革创新的若干意见》及《高等学校课程思政建设指导纲要》（教高〔2020〕3号）发布以来，北京服装学院工商管理专业教师积极推进课程思政改革工作，参照相关文件指导，开展基于课程思政的重要核心课程的授课内容及授课形式改革。

北京服装学院工商管理专业致力于培养具有管理学与设计学交叉学科背景的复合型、国际化时尚管理人才。在当前国际商务合作出现新趋势的背景下，进行工商管理核心专业课——“国际企业管理”的课程思政改革研究，对于提升民族自信、抓住变革契机尤为重要。

本课程改革项目研究的重要意义：

①在现有基于西方发达国家企业实践的商科教学内容框架中增添我国企业实践的优秀成果。当前商科教学体系主要是归纳西方发达国家企业界早年成功经验及相关理论总结。我国作为世界第二大经济体，拥有海量带有中国特色的商科实践与理论成果，尤其是自改革开放以来我国民族品牌大量崛起，这些民族品牌均可纳入现有较成熟的商科教学内容框架中。

②在当前国际商务活动中，坚持正确的政治方向尤为重要。在贸易保护主义有所抬头等诸多压力下，国际商务往来受到较大冲击，我国明确提出发展“双循环”的重大经济战略。在这一新背景下，如何在坚持中国特色社会主义经济建设的基本方针的前提下开展国际商务活动、进行国际企业管理，就成为亟待解决的问题。因此，“国际企业管理”的课程思政改革具有重要意义。

三、课程任务和教学目标

（一）思政目标

本课程针对当前国际经济新形势进行教学指导思想、知识框架结构、企业实践案例等的设计及改进，具体内容包括：

①进行课程思政指导下的课程设计思路改革。基于“双循环”经济战略设计中“先内后外、内外并举”的发展路径，更新“国际企业管理”课程的理论与应用背景，重新定位国际商务活动与国内商务活动的联系。

②突出中国特色社会主义经济建设在当前国际经济社会中的重要地位。将我国提出的“一带一路”倡议、亚洲基础设施投资银行（亚投行）的设立、“双循环”经济战略等作为我国企业进行跨国经营的重要背景，讲授中国企业在国际商务活动中具有的独特优势。

③重点总结我国优秀民族品牌跨国经营的成功经验。在“国际企业管理”课程中的案例分析中，除分析经典的企业跨国经营成功案例外，着重介绍我国现有成功国际化的民族品牌，分析其成功经验。

（二）教学目标

本课程是工商管理专业高年级必修课。从经济全球化视角出发，介绍企业进行国际化经营的基本理论与方法，包括国际市场进入策略与跨国并购、国际经营环境与战略选择、国际企业组织管理、国际企业运营管理、国际企业市场营销、国际企业财务管理、国际企业人力资源管理等内容。

通过本课程的学习，增强学生的国际化经营意识，提高学生国际化经营能力。通过大量的国内企业国际化经营成功案例的讲解与讨论，提升学生对国有品牌经营的自信心及自豪感。

四、课程基本内容及要求

本课程基本内容及要求见表 27。

表27　“国际企业管理”课程基本内容及要求

课程章节	知识点	课程思政教学知识点
第一章　国际市场进入策略与跨国并购	国际市场进入策略概述； 跨国并购	我国企业海外并购的成功案例
第二章　国际经营环境与战略选择	国际经营环境分析； 国际全球战略类型	国际经营环境分析中我国改革开放以来优良的国际经营环境吸引大量外资
第三章　国际企业组织设计与控制	国际企业组织设计； 国际企业治理结构； 国际企业内部控制	我国国有企业改革成就对于提升我国国有企业国际化竞争力的作用
第四章　国际企业运营管理	国际企业研发管理； 国际企业采购管理； 国际企业生产管理； 国际企业物流管理	我国优秀民族品牌企业提升研发能力，走向海外市场的多个典型案例
第五章　国际企业市场营销	国际市场细分及定位； 国际品牌策略； 国际产品线策略； 国际定价策略； 国际渠道策略； 国际促销策略	我国民族品牌尤其是中华老字号品牌获得全球认可的成功案例
第六章　国际财务管理	国际财务管理的特点； 外汇交易风险； 全球税收管理	我国应对跨国公司通过内部转移定价避税的相关应对措施
第七章　国际企业人力资源管理	国际企业的人员配备； 国际企业的人员培训与发展； 国际企业的人员薪酬与考评	我国国际化经营企业人员培训与发展的优秀案例

五、课程思政教学设计

（一）教学设计

通过对我国企业国际化成功案例的学习，学生在掌握相关理论知识的同时加强了民族自豪感。

案例一：从数据看“一带一路”十年历史性成就。

从中国倡议走向国际实践，共建“一带一路”的十年取得了实打实、沉甸甸的重大历史性成就，成为一项惠及全人类的伟大创举。各个领域合作数据的变化直观可见，是最好的例证。

贸易合作量增质升效。2013 年到 2022 年，我国与共建国家的货物贸易累计规模达到 19.1 万亿美元，实现年均 6.4% 的增速，这个增速既高于同期我国外贸整体增速，也高于同期全球贸易增速。中国是 110 多个共建国家的主要贸易伙伴，已经与 20 个共建国家签署了 14 个自贸协定，贸易自由化、便利化水平在不断提升。

双向投资成果丰硕。2013 年到 2022 年，我国与共建国家的累计双向投资超过 3800 亿美元，其中对共建国家的直接投资超过 2400 亿美元，涵盖经济社会发展的多个领域。我国还与共建国家合作建设了一系列经贸合作区，截至 2022 年底累计投资已经超过 600 亿美元。同时，共建国家也积极投资中国，共享中国的发展机遇，十年来累计对华投资超过 1400 亿美元，在华新设的企业接近 6.7 万家。

项目建设稳步推进。2013 年到 2022 年，我国在共建国家的承包工程年均完成营业额约 1300 亿美元，建设了中老铁路、雅万高铁、蒙内铁路等一系列标志性项目，有效改善了相关国家的基础设施条件，大幅提升了互联互通水平。同时，我国实施了菌草等一系列惠民生的“小而美”项目。大力推进绿色化、数字化发展合作，2023 年前 8 个月，我国与共建国家新签的节能环保类项目合同额同比增长 22%。

在这一过程中，双边合作机制不断巩固。“一带一路”全球伙伴关系网络逐年扩大，中国同 150 多个国家、30 多个国际组织签署了“一带一路”合作文件，“一带一路”倡议同 30 多个国家的发展战略及联合国 2030 年可持续发展议程有效对接，同东盟、非盟、欧亚经济联盟等地区组织的发展规划协同增效。

共建“一带一路”不仅给相关国家带来实实在在的利益，也为推进经济全球化健康发展、破解全球发展难题和完善全球治理体系做出积极贡献，开辟了人类共同实现现代化的新路径，推动构建人类命运共同体落地生根。

以促进全球贸易发展为例，共建“一带一路”有计划、有步骤地推进交通、信息等基础设施建设和贸易投资自由化、便利化，消除了共建国家内部、跨国和区域间的交通运输瓶颈及贸易投资合作障碍，极大提升了对外贸易、跨境物流的便捷度和国内、国际合作效率，构建起全方位、多层次、复合型的贸易畅通网络，推动建立全球贸易新格局，对全球贸易发展发挥了重要促进作用。

世界银行发布的《“一带一路”经济学：交通走廊的机遇与风险》研究报告显示，共建“一带一路”倡议提出之前，六大经济走廊的贸易低于其潜力的 30%，外国直接投资低于其潜力的 70%；共建“一带一路”以来，仅通过基础设施建设就可使全球贸易成本降低 1.8%，使中国—中亚—西亚经济走廊上的贸易成本降低 10%，为全球贸易便利化和经济增长做出重要贡献；将使参与国贸易增长 2.8% ～ 9.7%、全球贸易增长 1.7% ～ 6.2%、全球收入增加 0.7% ～ 2.9%。

展望未来，中国将继续与所有共建国家一道，建设更加紧密的卫生合作伙伴关系、互联互通伙伴关系、绿色发展伙伴关系、开放包容伙伴关系、创新合作伙伴关系、廉洁共建伙伴关系，共同推进共建“一带一路”高质量发展行稳致远，为加快构建人类命运共同体汇聚更加强劲的动力和活力。[1]

案例教学应用：对国际企业经营环境相关内容讲授中，教师带领学生一起讨论资料数据客观显示出的我国“一带一路”倡议十年来的巨大成就，在理解全球经济合作对各国经济的重要作用的同时，深刻体会我国经济社会取得的巨大成就。

进一步布置课后作业，要求学生研读国务院新闻办公室 2023 年 10 月发布的《共建“一带一路”：构建人类命运共同体的重大实践》白皮书，更全面地认识这一人类社会发展史上具有里程碑意义的重大事件。

思政教改启示：

对于课程中的重要理论及知识，着重寻找我国经济社会中的成功经验或典型做法，在讲授知识的同时提升学生的民族自信心和自豪感。

---

[1] 资料改编自：王文博，王璐. 从数据看“一带一路”十年历史性成就[N]. 经济参考报，2023-10-23（6）.

案例二：纺织业加速全球布局。

多年来，纺织业融入“一带一路”建设，积极走出去，已树立起“创新驱动的科技产业、文化引领的时尚产业、责任导向的绿色产业”的产业形象，勾勒出“世界纺织科技的主要驱动者、全球时尚的重要引领者、可持续发展的有力推进者”的产业愿景。

中国纺织是服务全球市场、保障产业稳定的重要力量。国际纺织制造商联合会主席、中国纺织工业联合会会长孙瑞哲介绍，2021 年，我国向海外市场提供了人均约 3.8 千克的纺织产品，从 2000 年到 2021 年，全世界人均消费量从 9.2 千克增加到 15.2 千克，我国对增量的供给贡献率为 83%。

2020—2022 年，纺织业连续 3 年出口额超过 3000 亿美元，对世界纺织品服装出口总额的增长贡献率超过 50%。服装、家纺、产业用纺织品三大终端结构更加平衡。2022 年家用纺织品出口额是 2013 年的 1.9 倍；产业用纺织品出口额比 2013 年增长 1.3 倍。在服装出口额占行业比重下降的同时，品类更加丰富，品质显著提升。

同时，我国纺织企业随着实力提升，开始主动在全球布局。据不完全统计，纺织业对外投资存量超过 110 亿美元，项目分布在 100 多个国家和地区。投资涉及产业链各环节。其中棉纺和服装加工“走出去”较早，存量规模较大，印染、家纺和化纤等领域产能跨国配置初见端倪，产业用纺织品行业的国际化发展呈现加速态势。

我国纺织业开始向“资本走出去”“品牌走出去”迈进。企业通过海外并购，整合原料资源、设计资源、研发和技术资源、品牌和渠道资源等。比如在“品牌走出去”方面，波司登将中国服饰文化及原创设计与国际接轨，产品已在 8 个欧洲国家 400 多家品牌集合店中销售，成为由“中国制造”向“中国品牌”转变的样板。

同时也要认识到，当前全球纺织产业进入变革期，行业面临现实压力，包括世界经济增速放缓、终端市场需求不足等当前的突出问题。

孙瑞哲表示，要挖掘传统文化与现代文化同纺织时尚的融合点，提升设计能力、品牌价值、时尚生态；建设贯穿材料、技术、消费等全产业链的绿色低碳循环体系；形成纺织产业跨区域联动发展、协同发展格局；推动人工智能、工业互联网、大数据、工业机器人等在纺织行业的融入与应用。[1]

案例教学应用：

对国际生产布局相关内容讲授中，以我国纺织服装行业在全球生产布局现状的相关资料为导入材料，讲解全球生产布局的类型、我国作为发展中国家在其中的机遇与挑战。

思政教改启示：

在选取案例资料时，尤其关注对纺织服装行业、时尚行业、文化创意产业等领域的具体应用。令学生在掌握相关知识的同时，认识到当前全球经济形势的新特点，了解相关知识或理论在这些特定行业的具体表现，从而提高学生对于我校优势行业的深入了解程度，进而培养出具有行业特色的优秀人才。

（二）教学实践

本课程的改革，由介绍原理为主，转变为通过介绍我国成功企业的实践经营案例含有相关理论知识，令学生在学到知识的同时强化了爱国情怀、民族自豪感等。

（三）教学反思

教学改革实施效果显著，学生反映良好。教师要及时更新添加我国企业国际化经营的最新成功案例。

---

[1] 资料改编自：黄鑫．纺织业加速全球布局 [N]. 经济日报，2023-11-09（6）.

将思政教育融入“公共关系学”课堂教学

完成人：王润娜、胡诗晨　审核人：席阳

一、课程基本情况

课程名称：公共关系学

授课对象：市场营销专业大学三年级学生

课程性质：专业课

二、课程简介

公共关系学是一门综合性的应用学科，以建立社会组织与社会公众之间良好的沟通关系，在社会公众心目中树立社会组织的良好形象为主线贯穿始终。公共关系学系统介绍公关过程中的三要素：主体—社会组织、客体—公众、过程—沟通的相关原理与特征，并重点介绍公共关系专题活动、公共关系调研和公共关系创意与策划，简要介绍危机管理和危机处理的方法与技巧。

本课程主要特点是：其一，学科新、发展快。公共关系学产生于 20 世纪 20 年代的美国，80 年代初才引入我国。公共关系学的理论和实践在不同国家都有不同发展，且仍处在不断发展和完善中。其二，理论与实践紧密结合。公共关系理论用于指导公共关系实践，并在实践中得到检验、丰富和发展，同时公共关系实践是在公共关系理论指导下开展的各项公共关系活动，体现了公共关系学的实用性和可操作。其三，为综合性、多功能融一体。公共关系学是在众多相关学科的基础上丰富、发展起来的一门科学，其主要相关基础学科有市场营销学、企业管理学、企业文化学、大众传播学、新闻学、广告学、消费心理学等，同时所应用的操作方法也广泛而多样。

三、课程任务和教学目标

（一）思政目标

以立德树人为根本任务，坚持课程思政与思政课程同行同向、协同育人理念，针对继续教育领域思政教育表面化、形式化、思政建设存在弱化等现实问题，加强顶层设计，深化课程思政的教育教学改革。一是以爱党、爱国、爱社会主义为主线，坚定学生理想信念教育；二是充分挖掘课程思政元素，加强思政教育；三是强化特色化课程思政改革，培育和践行社会主义核心价值观。

（二）教学目标

该课程主要研究公共关系的现象及规律，具体包括公共关系调查研究、公共关系策划、公共关系计划的实施和评估、公共关系实务活动类型、公共关系传播实务、公共关系专题活动、危机公共关系实务等。学生通过本课程的学习，了解公关学的常识，掌握基本的公关原理和知识体系，树立公关意识，提高分析和解决实际公共关系问题的能力，从而具备较强的公关能力。

四、课程基本内容及要求

本课程基本内容及要求如表 28 所示。

表28 “公共关系学”课程基本内容及要求

课程章节	知识点	课程思政教学知识点
第一章 公共关系概述	什么是公共关系，学习公共关系学的目的，公共关系的应用场景与作用，如何学习公共关系学	信息沟通的原则（社会公德意识、责任意识），公共关系部的组织类型（系统思维），公关人员资质模型（道德意识）
第二章 社会组织与公众	社会组织，公众与公众关系	公共关系的五大职能（价值观塑造、社会热点），公众的心理特征——知觉（核心价值观），公共关系的原则（核心价值观）
第三章 公共关系媒介与广告	公共关系广告，公共关系媒介的类型，公共关系广告的媒介选择，公共关系工具	公共关系广告的表现形式（法律意识、道德意识），在社交媒体上做公关广告（社会热点、价值观塑造）

续表

课程章节	知识点	课程思政教学知识点
第四章　公共关系专题	公共关系工作程序，公共关系策划，公共关系专题活动	事件营销的实施（价值观塑造），公共关系策划大赛（中华文化）
第五章　公共关系调研	为什么要重视调研，公关调研的内容，公关调研的步骤，公关调研的方法，如何确立调研方案，如何制定调查问卷	公共关系策划大赛：大变局·双循环　探寻中国品牌的公关之路，公关调研的意义（社会热点、伦理道德）
第六章　公共关系策划与CI战略	公共关系策划文案的撰写，CI的构成要素，CI的功能，CI的导入时机	十大经典公关成功案例（法律意识、道德意识），品牌资产五星模型（管理哲学）
第七章　危机公关	危机的种类和特点，危机的产生和发生过程，公关危机与危机公关，危机公关的预防和处理	危机的特点（哲学思想），危机公关的四种错误心理（价值观、责任感）

五、课程思政教学设计

本教学设计选取第二章中的重要知识点“公共关系的职能”作为教学设计示例。

（一）教学设计

1. 课程思政教学总体理念和思路

以习近平新时代中国特色社会主义思想为指导，坚持知识传授与价值引领相结合，运用可以培养大学生理想信念、价值取向、政治信仰、社会责任的题材与内容，全面提高大学生缘事析理、明辨是非的能力，让学生成为具备公共关系学基本素质且德才兼备、全面发展的营销人才。

2. 总体教学设计

公共关系有五大职能，如果按照传统的讲授法直接将具体的职能讲授给学生，很难令其理解和产生共鸣，教师需要通过具体实例来进行阐述，这就给课程思政的融入提供了空间，具体体现在案例的选取、介绍和分析上。

3. 教学目标

知识传授目标：一是社会组织公关管理职能——宣传推广，塑造企业形象；危机管理，处理突发情况；协调关系，增进合作；收集信息，监测环境；咨询建议，参与决策。二是知名度与美誉度矩阵。

能力培养目标：培养学生的批判思考能力、理论联系实际能力、分析解决问题能力。

价值塑造目标：一是培养学生的爱国爱校情怀；二是树立学生的社会公德意识；三是传递“不传谣不信谣”的观念。

4. 蕴含的思政元素

“公共关系学”课程具有与思想政治教育融合协同的天然优势。随着网络的普及以及社会公众对网络的使用越来越频繁，网络对社会的舆论导向，对公共事件的评价都有巨大的影响力。同时，网络也已经成为消费者对某一品牌或商品影响、评价的第一来源，而且网络上信息传播迅速，短时间内就能产生巨大的影响力，网络日益成为企业日常公关活动的主阵地。近年来，互联网上利用公共关系影响舆论的事件屡见不鲜。对于时尚商科学生来讲，在新形势和新模式下，对公共关系的认识、观念，对人与人、组织与公众之间关系的认识，以及公共关系的原则、作用等要十分清晰。要认识到公众的作用，以公众的利益为出发点。

本课程蕴含的思政元素有：

①从公共关系的职能这一专业课知识点中挖掘的思政元素。

②教学内容中所蕴含的哲学思想。

③通过失败的教训、警示性的问题等，引导学生反思并提高学生的辨识能力和责任意识。

④和学生一起对专业相关社会热点问题进行讨论。

⑤从发展历程、成长道路及个人经历等方面促进学生的价值观塑造。

5. 课程思政教学改革的创新点

本课程思政的教学改革有以下三个突出特征和创新点：

①鉴于“公共关系学”课程具有较为强烈的意识形态属性，将专业课程内容与社会主义核心价值观相衔接，以便将社会主义核心价值观融入教育教学的过程中。在教学设计和讲授过程中注意避免造成专业内容与课程思政内容的脱节，以达到润物细无声的教学效果。

②将科研、教学与课程思政紧密结合在一起。如前所述，本案例是结合授

课者本人承担的校级课题设计完成的，有助于教研相长、以研促教。

③将课堂教学、批判思考和社会服务结合起来。本课的教学设计融入了大量的批判性问题的思考和讨论，以课后作业、课堂讨论和课程展示的形式体现。在课程尾声举办公共关系案例大赛，由学生分组选取中国本土企业案例，从项目背景、项目组织、项目内容、项目实施、项目宣传、项目预算、风险预估等方面进行展示，在夯实专业知识内容的同时强化学生对中国民族企业的关注。

6. 课程思政教学效果评价

见下文“（三）教学反思”内容。

（二）教学实践

1. 教学内容及重点

教学内容：社会组织的定义，社会组织的类型。

教学重点：社会组织公关管理职能，社会组织知名度与美誉度矩阵。

教学难点：社会组织的公关策略。

2. 学生特点分析

年龄特点：学生所处学期为大学二年级第二学期，对于大学课程体系和课堂要求已经较为了解，但容易产生课堂疲倦。

知识掌握特点：“公共关系学”属于专业性很强的课程，学生在日常生活中接触许多公共关系的事件和新闻，但是对于具体问题、具体情境很难做到深入把握，对深层次的公共关系理论和知识了解不多，难以对公关实践进行准确、合理的分析。

学习特点：学生学习态度比较认真，有一定积极性，但学习过程中缺乏主动思考和开拓创新的意识，应试性目的较强，对知识的掌握不牢固、不深入。

3. 教学方法

讲授法：讲授社会组织公共关系管理的职能。

案例教学法：通过多案例讲解，加深学生对社会组织公关系管理的职能以及社会组织的知名度和美誉度等知识点的理解。

讨论式教学法：课堂上设置问题和组织讨论，提高学生的参与程度，激发学生的参与程度，提高学生的学习兴趣和注意力。

课后作业：布置课后个人作业，引导学生进一步思考。

多媒体法：利用文字、图片等内容，展示课堂教学的内容，增强学生对知识点的认识。

4. 教学过程及课程思政的具体落实和开展

提问：社会组织的公共关系活动有什么作用呢？

引入：介绍社会组织公共关系管理的五个职能，分别是宣传推广，塑造企业形象；危机管理，处理突发情况；协调关系，增进合作；收集信息，监测环境；咨询建议，参与决策。

深入：公关的这些职能是在实践中不断经过检验并提炼出来的。具体该如何理解并在实践中应用，我们首先通过一些案例来一一了解。

案例一：北京服装学院的发展历程及公众形象（20 分钟）。

知识点：公共关系管理职能之一——宣传推广，塑造企业形象。

教师组织学生观看北京服装学院宣传片。

北京服装学院作为一个社会组织，要在公众中树立自我形象。这是公关的第一个职能。

北京服装学院的对外宣传语是：北京服装学院是一所历史积淀深厚、办学特色鲜明的时尚高校。学校秉承“与美同行”的校训，围绕服装服饰，以设计学为龙头，逐步形成了“以艺为主、服装引领、艺工融合”的办学特色，在服装服饰文化、服装服饰传承与创新设计、服装新材料和高性能服装、产品与数字化媒体设计等领域的理论研究及应用形成了独特优势。

无论是采用图像的方式还是文字的方式进行的这种自我宣传，都是为了在公众中树立一个社会组织的良好形象。

学生分享：请学生分享，来到北京服装学院学习两年左右的时间，自己有何体会？在学生分享结束后，介绍学校的发展历程和突出贡献。

课后作业：请学生结合本课所介绍的知名度与美誉度这两个对社会组织形象而言很重要的概念，就我校如何提高知名度和美誉度进行一场公关策划。

案例二：“致癌风波”中的星巴克——危机公关做得如何？（20 分钟）

知识点：公共关系管理职能之二——危机管理，处理突发

2018 年，网络上陆续出现了“咖啡致癌”“法院宣判星巴克”等消息，当这些消息把星巴克推向风口浪尖时，无论是媒体还是网友，都站在了星巴克这边。面对这场“致癌风波”，星巴克是如何进行危机公关的？

“星巴克致癌”的谣言是怎么出现的？

这则谣言最早由一个自媒体账号发布，短短一天的时间，这篇文章的阅读量就已经达到了万人。文章一发出，不少人为了蹭上这波热点，也跟着一起发相关稿件，导致“星巴克致癌”的话题越炒越热。

这篇文章中附带了不少“谣言体”的标准素材。比如各种国外媒体的图片以及耸人听闻的化学物质名称等。这篇文章写得比较“扎实”，文中提到加州法院对咖啡行业的裁决，再加上一些科普类的“干货”，营造出一副非常具有说服力的样子。

加州法院的这次裁决真的存在吗？的确存在——《全美咖啡行业协会关于加州第 65 号判决的公告》(2018 年 3 月 29 日)。但全美咖啡行业协会早就针对该裁决发布了公告，称咖啡是安全饮品，系法院裁决误导民众。

这篇文章则抓住了这个裁决大做文章。之所以能实现万人的阅读量，也正是因为它抓住了“星巴克”这个知名品牌。喝星巴克的咖啡早就成为很多白领每天的必选动作，所以当“星巴克致癌”的消息传出来之后，白领们第一时间当然要赶紧提醒身边的朋友们。所以才会导致“星巴克致癌”全网络刷屏的情况。

星巴克的公关是怎么做的？

本次谣言的来源并非竞争对手和消费者，而是具有一定权威性质的法院。所以，面对此事，星巴克第一时间启动了危机公关。先将所有和“星巴克致癌”相关的文章举报了，在医学自媒体有一定权威的自媒体账号“丁香医生”也出面辟谣。

接着，星巴克中国给媒体发了一则公告:《星巴克始终坚持为顾客提供高品质及安全可靠的食品与饮料，并致力于让顾客感受优质的星巴克体验》，其内容也附上了全美咖啡行业协会的相关公告，这则公告的主要观点就是：我们对此不发表任何态度，行业协会、媒体自然会证明我们的清白。

这则公告的言下之意是，这些谣言针对整个咖啡行业，而绝非星巴克品牌，希望所有的咖啡品牌联合起来反击这些流言蜚语。

这一招避开品牌的手法果然奏效，免去了外界对其利益关系的质疑。并且还带动了各行各业的媒体为其共同发声，帮忙采访业界权威专家，对咖啡的知识进行科普，更有媒体人站出来，借此抨击某些自媒体为了赚取流量，做了一场“把焦虑换流量的肮脏生意”。

在“刷屏”危机出现的 24 小时内，星巴克就平息了这场“致癌风波”。能在这么短的时间内就终止谣言，靠的不仅是星巴克本身的品牌影响力，还有它一直以来的口碑。

公关实践策略总结：从星巴克这次成功的危机公关我们就可以看出，逆水行舟肯定是不行的，与谣言对着干，随时会有翻船的可能；利用品牌影响力控制话题的方向，联合媒体一起辟谣，才是明智之举。

课程思政内容：从中可以看到，“辟谣跑断腿”，谣言的影响力是非常巨大的。无论何时，我们都要做到不信谣不传谣，谣言止于智者，否则在给他人带来伤害的同时更会给自己造成不可挽回的损失。

案例三：顾客争座时，肯德基怎么办？（15 分钟）

知识点：公共关系管理职能之三——协调关系，增进合作。

2000 年 8 月，江西第一家肯德基餐厅落户南昌，开张数周，一直人如蜂拥，非常火爆。不想一个月未到，即有顾客因争座被殴打而向报社投诉肯德基，造成一场不小的风波。

事件经过大致如下：一位女顾客用所携带物品占座位后去排队购买套餐时，座位被一位男顾客坐住而发生争执。先是两位顾客因争座发生口角，尽管已引起其他顾客的注意，但都未太在意，此时餐厅的员工未能及时平息两人的争端。接着两人争吵上升到大声争吵，店内所有顾客则都开始关注事态，邻座的顾客则停止用餐，离座回避。带小孩的家长担心事态危险和小孩受到粗话影响，开始领着小孩离店。最后二人由争吵上升到斗殴，男顾客大打出手，殴伤女顾客后离店，别的顾客也纷纷离座外逃和远远地看热闹。女顾客非常气愤，当即要求肯德基餐厅对此事负责，并加以赔偿。到此时，其影响面还局限于人际范围，如果餐厅经理能满足顾客的要求，女顾客就不至于向报社投诉。但餐厅经理表示“这是顾客之间的事情，肯德基不应该负责”，拒绝了女顾客的要求。女顾客马上打电话向《南昌晚报》和《江西都市报》两报投诉。两报立即派出记者到场采访。女顾客陈述了事件的经过并坚持自己的要求，而餐厅经理在接受采访时对女顾客被殴打一事表示同情和遗憾，但是认为餐厅没有责任，不能做出道歉和赔偿。两报很快对此事作了报道，结果引起众多市民的议论和有关法律专家的关注。事后，根据相关法律，肯德基被认为对此事负有部分责任，向女顾客公开道歉，并赔偿了部分医药费，两报对此也都作了后续报道。

课堂思考与讨论：

①从公共关系角度来看，顾客争座，肯德基到底该不该管？

②对于这一事件，我们应该吸取哪些教训？

参考答案：

从公共关系的角度来看，肯德基对顾客争座应该管，而且管得越早越好。南昌这家肯德基餐厅因未及时处理好该事件而使舆论影响不断升级，形象损失越来越大。接受记者采访时经理继续与女顾客持对立的观点，更增添了新闻报道冲突性和报道价值，从而令南昌肯德基进一步陷入被动局面。从整个过程看，肯德基事件的处理态度实为公关大忌，餐厅经理为维护一时的权益，不仅失去了一个消费者，而且造成了众多消费者的心理阴影。而在这一事件中，即使从自身形象出发，肯德基也应主动及早处理，使消费者免伤和气，心情愉快地消费。

从这一事件我们应该吸取教训，在以后的工作中应注意以下四个问题：

①培养员工的公关意识十分重要。目前不少公司的员工宁输公司的形象也不愿输理，因小失大，就源于公关意识的薄弱，看不到形象作为无形资产对于公司的巨大价值。公关不只是公关部的责任，进行员工素质培养，推选全员公关，是各种社会组织不应忽视的。

②公关无小事。公关危机大都是由小事件引起的，公关应从小事抓起，而不是在引起轩然大波之后再来处理。消除隐患，防微杜渐，是危机公关的主要原则重视。媒体公关，往往忽视了日常公关管理，这正是造成企业名声在外，而消费者却不满意的现象的原因之一。

③勇于承担责任是企业公关的一种境界。公关要塑造的一个重要方面是企业的社会形象，而一个企业的形象是否表里如一，就在于其在经营活动中是否勇于承担与其形象相对应的社会责任与义务。怕担责任甚至出了事拒绝承担责任的企业是会让消费者寒心的。此类行为一旦发生，必然使公司的美誉度大受损害。

④“莫以善小而不为”，在中华民族传统文化中，有“万事德为先”的思想，这也是一个优秀企业内在品质的表现。南昌肯德基员工在两位顾客争座过程中，就缺乏这一品质，始终没有挺身而出为顾客排忧解难。其实两人争的不

过是一个座位而已，只要肯德基的员工设法为其再提供一个座位，事情马上就可得到解决。而其“管不了”的态度无疑让人们为其落伍的企业价值观感到遗憾。

（三）教学反思

1. 教学效果

通过案例教学，学生对于公共关系的职能有了更深理解和更好掌握，不再依靠死记硬背。在期末闭卷考试中，这一题的满分率达到 70%。

通过案例的思政元素解析，学生塑造了正面的公关意识和价值观念。在学期末的课程调查问卷中，80% 以上的学生表示喜欢教师在课堂上讲解关于哲学、时政等内容。

通过案例后的课堂讨论，学生能更加积极地参与课堂。

通过案例延伸的课后作业，学生的思考—分析—解决问题的能力得到锻炼。

2. 存在问题与改进思路

①在课堂讨论环节，学生的参与积极性有所提高但依然不足，出现“搭便车”现象。今后在这一环节设计上，要思考如何更加吸引学生，让学生真正从讨论中受益。

②案例设计尽量避免同一性，案例长短、内容性质、延伸方式尽可能体现差异化，从而降低学生的倦怠感。案例内容和思政元素的融合设计还需进一步优化。

③教师对于课程思政教学经验依旧不足，需要在今后加强此方面的学习和实践。

“网络信息安全”课程思政教学设计

完成人：赵乃东　审核人：席阳

一、课程基本情况

课程名称：网络信息安全

授课对象：信息管理与信息系统专业（数据分析师）方向大学四年级学生

课程性质：专业课

二、课程简介

（一）课程地位

该课程是信息管理与信息系统专业（数据分析师方向）学生的专业选修课程，也是“计算机网络基础”课程的后续课程。本课程也是专业培养计划目标中“互联网 +”和“大数据”相关专业知识点的支撑课程之一。

（二）基本任务

通过本课程的理论学习，使学生理解网络安全的基本概念，掌握一般的网络安全技术和具备一定的网络安全实际应用能力。

（三）核心教学内容

本课程系统地介绍了计算机网络安全的基本理论、技术和应用等内容，并介绍了计算机网络安全领域的最新进展及常用工具。具体包括网络安全概述、网络操作系统和网络实体安全、网络数据库和数据信息安全、数据加密技术与应用、网络攻防技术和互联网安全等内容。

（四）教材与参考书

本课程所用教材为刘远生主编的《计算机网络安全》（第 3 版）。

本课程所用参考书目包括：由威廉·斯托林斯著、白国强等译的《网络安全基础：应用与标准》(第6版)，马利、姚永雷、苏健等编著的《计算机网络安全》，袁津生、吴砚农主编的《计算机网络安全基础》(第5版)。

三、课程任务和教学目标

(一)思政目标

①引导学生认识总体国家安全观，让学生树立没有网络安全就没有国家安全的意识。

②使学生增强以社会主义核心价值观为基础的文化自信和道德修养，树立网络安全道德观。

③使学生了解我国面临的网络安全风险及采取的安全战略，网络安全法治体系。

④强化学生的工程伦理教育，培养学生精益求精的大国工匠精神，激发学生科技报国的家国情怀和使命担当。

⑤培养学生科学的方法论，提高学生正确认识问题、分析问题和解决问题的能力，使学生掌握网络安全管理基本方法。

(二)教学目标

①使学生理解网络信息安全的基本概念和理论。

②使学生理解和掌握网络操作系统和网络实体的安全的基本理论和技术。

③使学生理解和掌握网络数据库与数据安全的基本理论和技术。

④使学生理解和掌握密码学与信息加密技术的基本理论和技术。

⑤使学生理解和掌握网络攻防技术与互联网安全方面的理论和技术。

四、课程基本内容及要求

本课程的教学内容及要求如表29所示。

表29 “网络信息安全”课程教学内容及要求

课程章节	知识点	课程思政教学知识点
第一章 计算机网络安全概述	网络安全的概念、特征和安全目标，网络安全的威胁和风险，网络安全体系结构，网络安	思政元素：理想信念、爱国热情、家国情怀、历史使命、国家战略、法律意识、社会责任感、专业认同感等。

续表

课程章节	知识点	课程思政教学知识点
第一章　计算机网络安全概述	全的策略和技术，网络安全的评价准则，网络系统安全的日常管理	融入点：通过全球网络安全事件强调网络安全对于国家安全的重要性，强调网络安全与国家主权的关系，以及我国在信息安全领域取得的成就及面临的形势。 思政目标：培养学生在网络行为中的网络安全意识和国家安全意识，启发学生的社会责任感，弘扬学生爱国情怀以及民族自豪感，并为祖国的繁荣昌盛努力奋斗
第二章　网络操作系统与网络实体安全	网络操作系统简介，网络操作系统的安全与管理，网络硬件系统的冗余，网络机房设施与环境安全，路由器安全，交换机安全，网络服务器和客户机安全	思政元素：爱国热情、创新意识、科学精神、责任担当等。 融入点：通过具体案例分析人物和事件的关联讲解，客观辩证地看待当前我国操作系统和网络硬件实体等前沿技术在世界发展中所处的位置。 思政目标：激发学生的爱国热情和创新意识，强化学生学成后报效祖国的担当和责任心
第三章　网络数据库与数据安全	网络数据库安全概述，网络数据库的安全特性和策略，网络数据库用户管理，数据备份、恢复和容灾，大数据及其安全	思政元素：职业和专业素养、法律和规则意识、社会责任感和专业认同感、大国工匠精神等。 融入点：通过介绍网络数据库的日常安全管理工作，将数据访问控制、个人隐私、网络攻击和备份技术等引入思政教学。 思政目标：培养学生在设计数据库应用程序时的网络安全意识，强化个人隐私保护，培养学生的敬业值守、遵纪守法和责任担当
第四章　数据加密技术与应用	密码学基础，数据加密体制，数字签名与认证，网络保密通信	思政元素：民族自豪感、科学精神、创新精神、诚信品格、人格培养等。 融入点：通过了解密码学的前沿发展——量子密码学，以及我国科学家在这一领域所取得的重大突破切入思政内容；通过数字签名在电子商务、金融领域有广泛应用，让学生了解我国经济国情，以更好地为社会经济发展服务这一切入点融入思政教育。

续表

课程章节	知识点	课程思政教学知识点
第四章　数据加密技术与应用	密码学基础，数据加密体制，数字签名与认证，网络保密通信	思政目标：增强学生的国家自豪感；激发学生的学习和科研热情，增强学生的民族自豪感；培养学生的诚信品质，让学生树立正确的三观，建立健全的人格
第五章　网络攻防技术与应用	防火墙安全，网络病毒与防范，木马攻击与防范，网络攻击与防范，网络扫描、监听和检测，虚拟专用网	思政元素：爱国热情、辩证唯物主义、大国工匠精神、社会主义核心价值观、专业素质和人文精神等。 融入点：以马克思主义辩证思维看待当前存在的信息 / 网络安全问题，网络安全关乎国家、社会和个人；网络安全技术及工具是一把双刃剑，教育学生用好用对，将其用于维护我国的互联网信息安全，为我国社会主义建设服务。 思政目标：教育学生具有大局意识，科学素养和工匠精神；培养学生自觉维护我国网络空间安全意识，培养爱国情操
第六章　互联网安全	TCP/IP 协议及其安全，Internet 欺骗，网站安全，电子邮件安全，电子商务安全	思政元素：科学思维、科学伦理、国家安全意识、法治精神、职业道德、追求真理、勇攀科学高峰、创新精神、科技报国、规则和协作意识等。 融入点：互联网给社会发展带来了进步，也带来了不容忽视的安全问题，我国在 IPv4 的网络时代没有更多的自主权，如根域名服务器，但在 IPv6 时代，我国已经取得较大进展，电子商务经济在我国也蓬勃发展，但仍有很多安全问题亟待解决。同时，距离终端用户最近的应用程序的安全运行离不开网络体系结构各层次安全协议的保障。 思政目标：教育学生在开发及使用应用程序过程中具有敏感的安全意识，运用安全协议，设计安全的应用程序，尤其对于重要的国家、政府、金融等部门的应用程序，务必提高安全意识，将国家安全摆在首位，强化网络强国的战略思想，同时在日后工作中坚守职业道德和法治精神

五、课程思政教学设计

“网络信息安全”的课程思政教学设计、教学实践和教学反思如下文所述。

（一）教学设计

“网络信息安全”课程思政教学的总体理念和思路是围绕学校顶层设计和学院的实施推进要求，紧密围绕“立德树人”这一根本目标，结合信息管理与信息系统专业“网络信息安全”等专业课的特点，加强各专业课内容与课程思政内容的衔接，深入挖掘课程内容的思政元素，以润物细无声的教学方法，把思政教育有机融入“网络信息安全”课程的教学全过程。

1.“网络信息安全”课程教学模式的改革探索

在“网络信息安全”的课程教学设计中，采用混合式教学模式，借助线上和线下教学手段，丰富学生课前、课上和课后的学习方式。因为网络安全同国家和个人的利益紧密相关，近年来，包括高校师生在内的社会成员的网络安全意识显著增强，但各领域的网络安全事件仍层出不穷。教师可充分利用网络资源，挖掘一批具有课程思政教育意义的网络安全典型案例和教学素材，课前引导学生自主学习和探索，让学生带着思考参加课堂教学，有利于展开案例式教学和启发式教学。课中采用翻转课堂的形式，在知识传授的同时，融入课程思政教学元素。借助腾讯会议等线上教学工具还可拓展教学对象的范围，让学生足不出户也可接受教育。同时还可进行课程教学内容的录制，以此来丰富课后学生对知识点的再理解。课后可充分利用中国大学 MOOC 和哔哩哔哩（bilibili）等网络资源平台，学生在课后仍可在线上继续拓展线下课堂的理论教学内容，接受更丰富多元的“大”课程思政教育。

2.“网络信息安全”教学大纲和教学目标的修订

“网络信息安全”是一门理论性强、技术发展迅速、有很强的时代和现实意义的课程。它是北京服装学院信息管理与信息系统专业的专业核心课程之一。该课程的核心教学内容包括计算机网络安全的基本理论、技术和应用等。

“网络信息安全”课程的课程思政要求是：让学生树立没有网络安全就没有国家安全的意识，树立高尚的志趣情操和价值观，使学生掌握科学的方法论，增强以社会主义核心价值观为基础的文化自信和道德修养，激发学生科技报国的家国情怀和使命担当。

3.“网络信息安全”教学内容和思政元素的教学设计

“网络信息安全”课程思政的教学设计首先遵循思政理论课的协同和延伸性，做到以点带面，具体不空泛，贴近现实、拒绝抽象，以情感人、以德服人。其次，在教学内容和教学过程管理中，依据课程思政的科学内涵，充分挖掘思政元素，修订专业培养方案和课程教学大纲，增加课程思政教学内容和目标。

（二）教学实践

“网络信息安全”的理论教学实践环节中，课堂组织形式采用传统的教师讲授模式、混合式教学模式和翻转课堂的创新教学模式，前者可以按照教案设计，在讲解章节知识点的同时，较为容易地引入思政元素和课程思政的教学案例。后者要在教师提问和学生回答的互动过程中，启发式地引入生活关联较强的课程思政教学案例和元素。教学方法上采用课前线上 / 线下自主学习、热点时政导读等方法，课中线上 / 线下讲授、案例分析、课堂讨论、问题探究等方法，课后线上 / 线下课程内容回顾、论文撰写、教学理论应用实践等教学方法。

下面以传统的教师理论讲授模式、混合教学模式和案例教学方法为例，详细介绍“网络信息安全”课程思政教学内容、教学方法、教学过程，以及课程思政在教学过程中的落实和开展，见表 30。本文展示的课程思政案例教学选自教学实践，本次授课是课程的首堂课，主要内容涉及本门课程的课程性质、教学目的和要求、学时和考试安排、使用教材和参考书、引言、第一章第一节“网络安全概论”、第二节“网络安全面临的威胁与风险”等教学内容。课程思政教学改革的创新点之一是引导学生课后完成“典型网络信息安全案例综述与分析”方面的论文，课中采用翻转课堂的形式进行互动交流，通过案例呈现国家安全意识，科学思维和工程伦理，法治、爱国、敬业、诚信等社会主义核心价值观等思政元素。

表30　“网络信息安全”课程思政教学实践过程

一、课程概况			
课程名称	网络信息安全	教学课型	理论课
授课章节	第一章　网络安全概述 第一节　网络安全概论 第二节　网络安全面临的威胁与风险	授课学时	2

续表

一、课程概况			
授课对象	信息管理与信息系统专业大学四年级学生	授课人	赵乃东
二、教学目的与要求			
通过本节课的学习，使学生全面了解本课程的性质和地位、本课程教学内容的组织架构、学习方法、考核方式等；通过知识点的讲授，使学生理解网络安全的基本概念、特征和安全目标；使学生了解网络安全的威胁和风险，并树立网络安全意识			
三、教学目标			
（一）知识传授 了解：信息安全的研究内容，网络系统的脆弱性。 理解：网络安全的含义。 掌握：网络安全的目标，网络安全攻击的类型。 应用：计算机网络安全漏洞的扫描。 （二）能力培养 使学生学会分析网络安全与风险的总体方法，建立总体国家安全观和网络安全意识。 （三）价值塑造 通过全球网络安全事件强调网络安全对于国家安全的重要性，强调网络安全与国家主权的关系，以及我国在信息安全领域取得的成就及面临的形势。培养学生在网络行为中的网络安全意识和国家安全意识，启发学生的社会责任感，弘扬学生爱国情怀及民族自豪感，并为祖国的繁荣昌盛努力奋斗			
四、教学重点和难点			
教学重点：网络安全的特征。 教学难点：网络安全的含义			
五、教学模式和方法			
教学模式：理论讲授模式、混合教学模式。 教学方法：理论讲授法、案例分析法、启发式教学法、线上 / 线下教学法			
六、教学设计安排			
课程导入 → 课堂讲授与学习 → 课堂小节 → 课后思考与任务			
七、教学过程			
（一）课程导入（20 分钟） 1. 引导学生了解本课程 “为什么”：了解该课程的学科性质和专业地位，引导学生思考来上课的原因。 “学什么”：引发学生了解本课程的总体知识框架、章节安排。 “怎样学”：课前预习和自学；课中抓重点并积极提问；课后认真复习并延伸，做到理论联系实际，发现生活中的网络安全问题，思考对策。			

续表

七、教学过程
2. 教材与参考资料 ①刘远生主编：《计算机网络安全》（第3版），清华大学出版社，2018年版（国家级规划教材）。 ②马利、姚永雷、苏健等编著：《计算机网络安全》，清华大学出版社，2022版。 ③袁津生、吴砚农主编：《计算机网络安全基础》（第5版），人民邮电出版社，2018年版（国家级规划教材）。 ④［美］威廉·斯托林斯著：《网络安全基础：应用与标准》（第6版），白国强等译，清华大学出版社，2019年版。 3. 学时和考核 本课程为考查课，理论课32学时。 本课程采取闭卷笔试考核形式。 本课程的成绩由两部分组成：期末考试卷面成绩占总成绩的80%左右，作业和考勤成绩占20%左右。 4. 学习建议 ①课前自主积极线下预习教学内容，课前利用线上平台自主学习相关开放资源。 ②课中认真听讲，带着课前学习问题抓重点学习，积极参与课堂互动。 ③课后认真总结和完成课后作业，理论联系实际，勤于思考和总结。 ④充分利用网络教学平台如中国大学MOOC网和B站等。 ⑤充分利用课程微信群进行课后互动。 （二）课堂讲授与学习（60分钟） 1. 课程引言部分（10分钟） （1）教学内容 ①引言：国际互联网的发展和我国互联网现状。 ②全球数字信息化发展趋势。 ③网络安全事件和产生的原因。 ④网络安全的重要性和意义。 （2）教学方法 理论讲授法：讲解本节课的以上教学内容。 人物事件分析法：通过总结历年来的主要病毒事件、棱镜门和斯诺登事件、伊朗核设施被病毒攻击事件、西北工业大学遭美国NSA网络攻击事件分析网络安全学习的重要性和意义。 启发式教学和课堂互动讨论教学法：通过以上人物和事件的讲解分析，启发学生思路，让学生理解网络安全和每一个人息息相关，网络安全需要专业的人才、技术、管理和法律措施等的保障。 （3）思政引入 思政元素：理想信念、爱国热情、家国情怀、历史使命、国家战略和专业认同感等。 融入点：通过全球网络安全事件强调网络安全对于国家安全的重要性，强调网络安全与国家主权的关系，以及我国在信息安全领域取得的成就及面临的形势。 思政目标：培养学生在网络行为中的网络安全意识和国家安全意识，弘扬学生爱国情怀以及提升学生民族自豪感，使学生为祖国的繁荣昌盛努力奋斗。

续表

七、教学过程
2. 课程第一节 网络安全概论（25 分钟） （1）教学内容 信息安全概述、信息安全研究的内容和层次关系、计算机网络安全的产生、网络安全的含义、网络安全的特征。 （2）教学方法 理论讲授法：教师讲解本节课的教学内容。 课堂互动讨论教学法：让学生理解网络安全的含义和特征。 （3）思政引入 思政元素：社会责任感、专业认同感和工程伦理等。 融入点：通过讲述网络安全的含义和特征，促使学生重视理论学习，用科学的思维应对网络安全问题，提高分析问题和解决问题的能力。 思政目标：培养学生在网络行为中的网络安全意识和工程伦理理念，培养学生的社会责任感和职业认同感，增强学生对本专业的本课程的认同和学习热情。 3. 课程第二节 网络安全面临的威胁与风险（25 分钟） （1）教学内容：网络系统安全威胁产生的原因、网络安全威胁、网络安全漏洞、网络攻击及其分类、网络安全的风险评估。 （2）教学方法 理论讲授法：教师讲解本节课的教学内容。 案例分析法：通过脸书（Facebook）等知名网站用户信息泄露事件等进行案例分析。 启发式教学和课堂互动讨论教学法：通过以上案例分析，让学生理解网络安全的重要性。 （3）思政引入 思政元素：社会责任感、法律意识、工程伦理和职业道德、精益求精的大国工匠精神等。 融入点：通过全球知名互联网公司 Facebook 的案例，融入课程思政内容。 思政目标：培养学生网络安全意识，增强专业学习热情；培养精益求精，勇攀科学高峰的科研精神；培养学生的社会责任感和法律法规意识；培养学生精益求精，不畏困难，攻克技术难关的大国工匠精神；培养学生踏实做事的科研素养和工程伦理理念。 （三）课堂小结（5 分钟） 结合课件和学生一起回顾和梳理本次课所学内容，突出重点和难点，从而加深学生对所学知识的印象，串联起本节课知识点的内在逻辑。 （四）课后思考与任务布置（5 分钟） 思考学习本门课程的期望和目标，本人在网络安全领域将来能做什么，怎么学习本门课和主要的学习方法等问题。 查阅和探讨网络安全相关资料，完成以“典型网络信息安全案例综述与分析”为主题的课程小论文，锻炼学生的科研能力

（三）教学反思

“网络信息安全”课程的课程思政教学改革与实践总体上取得了较为良好

的效果和学生评价。引入的课程思政案例也活跃了课堂气氛、激发了学生的学习热情、端正了学习态度，学生到课率达到 97%，同时也达到了理工课堂“立德树人，润物无声”的教学育人目标。

“网络信息安全”课程中也存在一些困难与问题。比如，因总课时限制而缺少上机实验环节，纯粹的理论讲解还不足以让学生对本课程有更好的理解和获得感。目前课程作为专业选修课，且开设学期设置在大学四年级上半学期，一些学生忙于考研等原因，课堂上学习热情不高。特别是在线教学方式下，一些学生出勤率不高，教学互动也更加困难。改进思路为在现有的课时控制下，尽量优化课程教学内容，增加更贴近实际生活的网络安全应用案例和课程思政元素，尽可能地调动学生学习和参与热情。比如课程小论文的科研训练，能够激发考研同学的学习热情，有的同学会主动联系老师要求发表学术文章，为自己将来的研究生学习生涯提供更多的科研训练和积累。

课程思政融入大学英语读写课的教学设计

——以《新视野大学英语读写教程1》第一单元为例

完成人：康洁平　审核人：马凤宝

一、课程基本情况

课程名称：大学英语 1

授课对象：全校各专业大学一年级学生

课程性质：素质基础课

二、课程简介

“大学英语 1”是本科生一门重要的公共必修课，本课程以《大学英语教学指南》为指导，以郑树棠主编的《新视野大学英语（第三版）读写教程 1》为主线，同时结合郑树棠主编的《新视野大学英语（第三版）视听说教程 1》和《新视野大学英语（第三版）综合训练 1》，全面培养学生的听、说、读、写、译等各项英语语言能力，以及了解文化差异并弘扬核心价值的跨文化思维能力，教师在教学中同时注重引导学生掌握正确的学习方法和技能，提升策略能力，以此实现大学英语的教育属性、人文属性、工具属性和教学属性。“大学英语 1”课程的教学工作包括各教程的课堂讲解与练习，以及针对学生需求安排的课外网络自主学习。教学以课本内容的讲解和练习为主，辅以听说和写作等多种形式的练习，进行多元和多维的评价，通过教学与训练提高学生的英语综合技能和全面发展。

三、课程任务和教学目标

（一）课程任务

关注语言的人文性，帮助学生通过学习英语了解国外的社会与文化，增进对不同文化的理解，加强对中外文化异同的认识，培养跨文化交际能力。同时培养学生对中国文化的理解和阐释能力，服务中国文化对外传播。通过课程思政弘扬以人为本的价值观，将社会主义核心价值观有机融入大学英语教学工作，充分挖掘课程思政的思想和情感资源，丰富其人文内涵，加强通识教育，引领学生正确的人生观和价值观，培养可持续型人才。

（二）教学目标

培养学生的英语应用能力，增强跨文化交际意识和交际能力，同时发展自主学习能力，提高综合文化素养，培养人文精神和思辨能力，使学生在学习、生活和未来工作中能够恰当有效地使用英语，满足国家、社会、学校和个人发展的需要。提高学生英语听、说、读、写、译等语言综合应用能力。

四、课程基本内容及要求

本课程基本内容及要求见表 31。

表31　“大学英语1”课程基本内容及要求

课程章节	知识点	课程思政教学知识点
Unit 1	Reading and writing: ① To talk about college education. ② To further understand the text. ③ To apply the phrases and patterns. ④ To master the reading skill and the paragraph writing skill. Listening: ① Understanding news reports. ② Understanding conversations. ③ Understanding passages. ④ Practicing conversational skills（Keeping a conversation going）. Practice on English proficiency	Moral Education Topic discussion： What is College Life？ What do you expect to gain in college? Practice： A presentation on the inspiration for your college life

续表

课程章节	知识点	课程思政教学知识点
Unit 2	Reading and writing: ① To talk about the love between the parents and children. ② To understand the love between the mother and the daughter in the text. ③ To apply the phrases and patterns. ④ To master the reading skill and write an essay creatively based on the understanding of the text. Listening: ① Understanding news reports. ② Understanding conversations. ③ Understanding passages. ④ Practicing conversational skills (Asking for and giving recommendations) . Practice on English proficiency	Moral Education Topic discussion : How do people today inherit the virtue of filial piety? Practice : A presentation on what we should do for our parents as return
Unit 3	Reading and writing: ① To talk about digital education. ② To further understand the text. ③ To apply the phrases and patterns. ④ To master the reading skill and the paragraph writing skill. Listening: ① Understanding news reports. ② Understanding co nversations. ③ Understanding passages. ④ Practicing conversational skills (Making phone calls) . Practice on English proficiency	Moral Education Topic discussion : What do you think are the upsides and downsides of online learning? Practice : A presentation on how to make use of the Internet wisely for all the good value it offers
Unit 4	Reading and writing: ① To talk about heroism. ② To understand the text fully. ③ To apply the phrases and patterns. ④ To master the reading skill and the paragraph writing skill.	Moral Education Topic discussion : Can you make a definition of hero?

续表

课程章节	知识点	课程思政教学知识点
Unit 4	Listening: ① Understanding news reports. ② Understanding conversations. ③ Understanding passages. ④Practicing conversational skills (Making and responding to apologies) . Practice on English proficiency	Practice : A presentation on why our country sets up the award system of medals and honorary titles
Unit 5	Reading and writing: ① To talk about the sporting spirit. ② To further understand the text. ③ To apply the phrases and patterns. ④ To master the reading skill and the paragraph writing skill. Listening: ① Understanding news reports. ② Understanding conversations. ③ Understanding passages. ④Practicing conversational skills (Making and taking orders in a restaurant) . Practice on English proficiency	Moral Education Topic discussion : The sporting spirit is of vital importance. Practice : Translation on the speech of president Xi Jinping
Unit 6	Reading and writing: ① To talk about the effects of part-time employment. ② To further understand the text. ③ To apply the phrases and patterns. ④ To master the reading skill and the paragraph writing skill. Listening: ① Understanding news reports. ② Understanding conversations. ③ Understanding passages. ④Practicing conversational skills (Talking about health problems) . Practice on English proficiency	Moral Education Topic discussion : What are the advantages and disadvantages of part-time job? Practice : A presentation on whether work and study are in conflict with each other

续表

课程章节	知识点	课程思政教学知识点
Unit 7	Reading and writing: ① To discuss some social phenomena about dishonesty. ② To further understand the text. ③ To apply the phrases and patterns. ④ To master the reading skill and the paragraph writing skill. Listening: ① Understanding news reports. ② Understanding conversations. ③ Understanding passages. ④ Practicing conversational skills (Making guesses) . Practice on English proficiency	Moral Education Topic discussion : Why do people attach great importance to integrity? Practice : List more examples around you about dishonesty and their results
Unit 8	Reading and writing: ① To talk about gender differences in friendships. ② To understand the text's structure and main idea. ③ To learn phrases and patterns from the text. ④ To master the reading skill and contrast paragraph writing skill. Listening: ① Understanding news reports. ② Understanding conversation. ③ Understanding passages. ④ Practicing conversational skills (Buying things in shops) .	Moral Education Topic discussion : China's initiatives on friendship building around the world. Practice : A presentation on Chinese traditional moral cultivation

五、课程思政教学设计

（一）教学设计

教学主题：新生活，新起点。

主要内容：

①课文 A:《奔向更加光明的未来》(校长开学典礼致辞)。

②课文 B：《我们的未来》（父亲给作为大学新生孩子的一封信）。

思政目标：学生能够尽快适应大学新环境，肩负新使命。

核心价值：责任和担当。

思政要点：大学生的使命与担当：修身、齐家、治国、平天下。

（二）教学实践

1. 课前准备

基于任务型教学法（Task-based Language Teaching）的基本原则，因为学生刚从高中进入大学，所以教师在课前给学生布置相关主题任务，要求他们分成小组，分别就“What are your purposes of going to college? What are your expectations of your college life? What advice did your parents give you before you left for college?”等话题讨论，启迪大一新生思考上大学的目的、对未来的设想、父母的期待等问题。表达形式可以是文字、值日报告或 PPT 汇报等。这样的具体任务能让学生更快地进入教学情境，为后续的教学活动的开展奠定好的基础。

2. 新课导入

针对本单元内容，在第一课时的导入课中，教师可以首先让各小组分享他们的讨论成果，通过综合思辨能力训练，潜移默化地提升大学生素养，使学生形成对未来学业和职业的规划。

随后教师进行总结，提问：“You are now here in the university，starting a new life. What is the purpose of the university education? Let us see how ancient Chinese classics thought.”

引入《礼记·大学》中对大学教育意义的阐述：“大学之道，在明明德，在亲民，在止于至善。”（Great learning aims to foster moral integrity，forge close ties with the people and attain consummate virtue in both words and deeds.）

引导学生思考：As freshmen and a new generation of youth，what should you do? 引入领导人对新时代青年的寄语：“坚定理想信念，站稳人民立场，练就过硬本领，投身强国伟业。”（Hold firm convictions，stick to the people’s stance and develop genuine skills to devote yourselves to the cause of building a great country.）

随后谈到责任（responsibility）话题时，让学生结合社会主义核心价值观、中国特色社会主义制度优越性谈谈中国的大国情怀，增强学生对祖国的自豪感与热爱。

3. 课文分析

该环节是课中教学的核心环节，除了对必要的课文结构和句型语法的讲解外，教师还应对具体内容深入分析。

首先在课文讲解过程中，除对原有课件和参考书中的例句进行讲解外，教师还可以结合语言的特点对原有的例句进行提升替换，有意识地融入思政元素。

例如，在讲解“pose（*vt.* create a difficult or dangerous situation），造成，导致（困难或危险）”这一单词时，让学生用该词翻译党的十九大报告中的一句话：中国发展不对任何国家构成威胁。（China's development does not pose a threat to any other country.）

又如，讲到“pursue”一词时，会联想到“pursue one's dream”这一短语，可自然融入中华民族伟大复兴的中国梦。

再如，讲到“stand a chance of doing sth.”这一词组时，可让学生翻译句子：当机遇对我们大家都均等时，有准备的人更有希望抓住。（When opportunities are equal for all of us, the well-prepared people stand a better chance of catching/grabbing them.）

其次通过学习课文，鼓励学生在人生新的阶段要继续努力朝自己的目标奋斗。

4. 翻译实践

翻译练习是每单元课后练习的重点部分，教师要在课堂上对这一板块进行分析和讲解。该题型不但能检测学生的语言基本功，而且能反映出学生是否了解东西方的文化差异并根据这些差异做出正确的表达。尤其重要的是，结合课程思政理念，可以将中国的优秀传统文化添加到翻译的讲解中。在本单元“孔子及其儒家思想”的练习中，可以围绕该翻译练习，让学生课前查找关于孔子本人和孔子学说的相关素材，了解中国文化。通过“任务驱动型”的教学方法，让学生通过独立思考或小组合作，探讨并完成布置的任务，实现德育思政与语言教学的融合。

5. 课后写作

写作能力也是语言学习中的一个非常重要的环节，它不但能考查学生运用相关语言的能力，也是学生表达自己内心思想和情感的重要途径。在本单元的写作练习中，教师引导学生写出“How to understand the responsibilities that college students will shoulder”，让学生互相批改，交流思想，也是课程思政的融入渗透。学生也可以使用本单元课后给出的三个写作额外题目“How to succeed in college”“How to manage time in college”和“How do deal with stress in college”，这些题目都能很好地给予学生启发与思考。

（三）教学反思

学生通过以上思政教育的融合学习，认识到大学教育是人生路上的一个阶段，是丰富知识和提升素养的关键时期。

巧妙的教学方式和教学设计是课程思政取得实效的关键所在。单一的教学方式或教学路径很难将丰富的思政元素无痕地融于教学过程中，应将课程思政内容润物细无声地运用任务式、项目式、合作式和探究式等教学方法与专业知识有机结合，融会贯通。将课堂思政元素理念融入大学英语教学，课堂上增加一些和课文思政元素相关话题的听、说、读、写、译活动，能够很好地解决英语教学和思政教育脱离的现象。将课堂知识学以致用，不仅能提高学生的学习效率，还能完善学生的人生观和价值观，最终实现全程育人、全方位育人。

大学英语课程不仅是一门培养大学生英语综合应用能力的课程，也应成为传播优秀的中国文化和提升中华民族文化自信的学科，承担起以立德树人为根本的课程思政任务。

启智明理，立德树人

——“全微分及其应用”课程思政教学设计

完成人：章江华　审核人：王素艳

一、课程基本情况

课程名称：高等数学 A2

授课对象：高分子材料与工程专业大学一年级学生

课程性质：素质基础课

二、课程简介

“高等数学 A2”课程是我校工学类各专业素质基础必修课。课程以习近平新时代中国特色社会主义思想为指导，坚持知识传授、能力培养与价值引领相结合，运用无穷级数、向量代数、空间解析几何、多元微积分理论及其“思政元素”培养学生运用微积分方法表达、分析、解决问题的能力，全面提高大学生缘事析理、明辨是非的能力，让学生成为德才兼备、全面发展的人才。

本课程教学中所用教材为范周田、张汉林编著的《高等数学教程》(第 3 版)。课程具有内容多、难度大、不易学的特点。但课程内容既是现代科学的理论基础，又是复杂问题表达、分析、解决的重要方法，因此课程教学具有重要意义。

高等数学课程是我校校级精品课程。2021 年 8 月，该课程教学创新在首届北京高校大学数学课程教学创新示范交流活动中获得二等奖。2019 年 8 月在扬州大学召开的中国高等教育学会教育数学专业委员会 2019 年学术年会中，教师应邀作了题为《从知识体系向教学体系转化——高等数学教学研究与实践》的学术报告，获得同行专家的肯定与好评。

三、课程教学目标

（一）思政目标

揭示课程内容的科学价值及其文化意义，弘扬马克思主义立场、观点与方法，提升学生探索未知、追求真理、勇攀科学高峰的责任感和使命感。

（二）教学目标

掌握全微积分理论与方法，培养学生将微积分知识用于复杂工程问题的表述和建模、推演、分析、比较、评价与综合能力。

四、课程基本内容及要求

本课程基本内容及要求见表32。

表32　“高等数学A2”课程基本内容及要求

课程章节	知识点	课程思政教学知识点
第八章　无穷级数	了解：无穷级数的基本性质及收敛的必要条件，正项级数的比较审敛法，几何级数与 p- 级数的敛散性，交错级数的莱布尼茨定理，绝对收敛与条件收敛的概念及其与收敛的关系，函数项级数的收敛域与和函数的概念，幂级数在其收敛区间内的基本性质（对求幂级数的和函数只要求做简单训练），利用函数的幂级数展开式进行近似计算的思想。 理解：无穷级数收敛、发散以及收敛级数的和的概念。 掌握：正项级数的比值审敛法，简单幂级数收敛区间的求法（区间端点的收敛性不作要求），利用函数 e^x、$\sin x$、$\ln(1+x)$ 与 $(1+x)^{\alpha}$ 的麦克劳林（Maclaurin）展开式将较简单的函数展开成幂级数。 应用：会利用无穷级数解决简单的实际问题	辩证唯物主义立场观点，历史唯物主义立场观点，科学思维方法，科学精神，科学伦理，探索未知、追求真理、勇攀科学高峰的责任感和使命感
第九章　空间解析几何与向量代数	了解：两个向量垂直、平行的条件，曲面及其方程、空间曲线及其方程的概念，常用二次曲面的标准方程及其图形，以坐标轴为旋转轴的旋转曲面及母线平行于坐标轴的柱面方程，空间曲线的参数方程和一般方程，曲面的交线在坐标平面上的投影。	辩证唯物主义立场观点，历史唯物主义立场观点，科学思维方法，科学精神，科学伦理，探索未知、追求真理、勇攀科学高峰的责任感和使命感

续表

课程章节	知识点	课程思政教学知识点
第九章　空间解析几何与向量代数	理解：空间直角坐标系，向量的概念及其表示。 掌握：向量的运算（线性运算、标量积、向量积），单位向量、方向余弦、向量的坐标表达式以及用坐标表达式进行向量运算的方法，平面方程和空间直线方程及其求法。 应用：利用平面与直线的相互关系解决较简单的问题	辩证唯物主义立场观点，历史唯物主义立场观点，科学思维方法，科学精神，科学伦理，探索未知、追求真理、勇攀科学高峰的责任感和使命感
第十章　多元函数微分学及其应用	了解：多元函数的概念，二元函数的极限与连续性的概念，有界闭区域上连续函数的性质，二元函数连续与偏导数之间的关系，全微分存在的必要条件与充分条件，方向导数与梯度的概念及其计算方法，空间曲线的切线和法平面以及曲面的切平面与法线，二元函数取得极值的必要条件与充分条件，求条件极值的拉格朗日乘数法。 理解：二元函数的概念，二元函数偏导数，全微分的概念，二元函数极值与条件极值的概念。 掌握：偏导数的求法，全微分的求法，复合函数一阶偏导数的求法，复合函数的二阶偏导数（对于求抽象函数构成的复合函数的二阶偏导数，只要求做简单训练），一个方程或由两个方程构成的方程组确定的隐函数的一阶偏导数的求法，空间曲线的切线和法平面以及曲面的切平面与法线的求法，二元函数极值的求法。 应用：利用二元函数解决简单的最大（小）值的应用问题。利用全微分做近似计算	辩证唯物主义立场观点，历史唯物主义立场观点，科学思维方法，科学精神，科学伦理，探索未知、追求真理、勇攀科学高峰的责任感和使命感
第十一章　重积分	了解：科学技术问题中建立重积分表达式的微元法的思想，三重积分的概念，重积分的性质。 理解：二重积分的概念。 掌握：二重积分的计算方法（直角坐标、极坐标系），会计算简单的三重积分（直角坐标、柱面坐标系）。 应用：会建立曲面面积、空间立体体积的积分表达式，解决简单实际问题	辩证唯物主义立场观点，历史唯物主义立场观点，科学思维方法，科学精神，科学伦理，探索未知、追求真理、勇攀科学高峰的责任感和使命感

五、课程思政教学设计

本文以第十章中第三节“全微分及其应用”为例，讲解课程思政教学设计。

该章节内容处于工科类服装设计与工程、工业设计、高分子材料与工程、轻化工程专业“高等数学”课程第二学期中间阶段，主要内容包括全微分的概念、全微分存在的必要条件与充分条件、全微分的计算、全微分在近似计算中的应用。

创新点：一是育人为先，根据课程的育人目标推演教学目标，做树人顶层设计。以育人主线串联教学过程，用课程内容主题“全微分”承载“价值塑造”“能力培养”，将“全微分”所蕴含的“思政点”连成“思政线”、扫成“思政面”，并与思想和方法融合成育人的“多维体”。二是利用中国文化名言警句导入课程内容，解读科学内容的人文价值。三是在问题及其解决过程中，运用辩证唯物主义与历史唯物主义立场、观点、方法讲科学道理、训练科学思维方法、陈述伦理。

思政元素分析：“部分”与“整体”的哲理在中国文化名言中多有表述，比如“窥一斑而见全豹”“管中窥豹，只见一斑”“以偏概全”等。课程主题“全微分”用偏增量叠加表达全增量，建立了“部分”与“整体”间的科学联系。运用辩证唯物主义与历史唯物主义立场观点方法讲清科学道理，培养学生正确认识问题、分析问题和解决问题的能力，提升学生科学精神。在数学问题和实际问题解决过程中，训练科学思维方法，陈述科学伦理，培养学生探索未知、追求真理、勇攀科学高峰的责任感和使命感。

课程思政效果评价：2021—2022 学年第二学期，“高等数学 A2”课程学生结果性评价得分 99.55 分，学生评价主观意见有“老师真的非常负责任”“留的习题和作业很有针对性”“生动有趣”“能有效学习高数”等；督导评价得分 94 分，主观意见有“精神饱满”“内容充实”“教学效果优秀”“满怀教学改革热情并付诸行动”“学生积极参与、上下呼应、有效互动”“老师点评画龙点睛”等。雨课堂平台数据显示本章节“全微分及其应用”的预习课件有效完成率为 94%，课堂练习有效完成率为 95%，课后作业有效完成率为 92%。对比前三年数据，本课程的有效完成率提高了约 23%。数据的提高说明学生的学习态度向好，积极性得到提升。

教学目标：让学生认可全微分的科学价值，塑造学生唯物主义辩证观、科学家精神；引导学生体验利用偏导数探讨表达多元函数变化的过程，获得应用全微分进行表达、分析与交流的能力；教授全微分的知识。

（一）教学设计

1. 课程思政教学的总体理念和思路

教学中把辩证唯物主义与历史唯物主义立场观点方法的教育与科学精神的培养结合起来，提高学生正确认识问题、分析问题和解决问题的能力。在课程教学中，注重科学思维方法的训练和科学伦理的教育，培养学生探索未知、追求真理、勇攀科学高峰的责任感和使命感。

2. 结合课程内容有机融入思想政治教育的总体教学设计

（1）育人为先，更新教学目标

以育人主线串联教学过程，用课程内容主题“全微分”承载“价值塑造”“能力培养”，将“全微分”所蕴含的思政点连成思政线、扫成思政面，并与思想和方法融合成育人的“多维体”。

（2）利用信息技术，拓展教学时间与空间，完善教学过程

利用信息技术营造课前、课中、课后、线上线下学习氛围，将课堂内外、学校内外和线上、线下三个方面结合。

（3）阐述全微分蕴含的哲学思想、认识论、自然辩证法，启迪历史思维、辩证思维、系统思维、创新思维

通过全微积分发展史、数学家的故事、个人学习经历，教师引导学生从中发掘价值观；多维度分析多元函数改变量的认识过程，警示认知不清和错误的原因（术、道、德、主客观等原因）；引导学生进行思考和比较，提高辨识能力和社会责任意识。

在概念讲解中融入历史唯物主义立场观点，启迪学生心智。在定理的陈述与证明中融入辩证唯物主义立场观点，引导同学们辩证地认知世界。在抽象思维过程演示中融入形象元素，在全微分近似计算中应用立德树人。

（4）优化课程内容结构，以问题为导向

以“多元函数变化”的认知问题为线索，提出问题和难点，分析解决办法，挖掘并呈现解决问题过程中所涉及的价值观和思维方式等思政元素。以“极简”为原则，编著“导学案文档”，设计课前预习课件，采用融媒体技术用

文字、图片、慕课视频及其交互动画形式来组织内容，用“问题”及其解决为主线来设计课堂展示课件，解决教材中课程内容价值解读不充分的问题。

（5）执行课程学习制度、规范、仪式、流程，培养社会规则意识

在绪论中约定的课程学习制度，在日常教学过程中以身示范，严格执行，让学生敬畏制度，自觉遵守，取得立德树人的效果。作业训练客观、严谨、细致，体现科学观；组建课程学习互助小组，团队协作；通过作业互评与自主修订，预留学生发现与质疑空间。

（6）采样学习过程数据，评价与反馈学生日常学习

精心设计利于现代信息技术平台推送的学习资源，利用雨课堂和云展网平台向学生推送，并作学习过程数据采样。教学中关注并分析学生线上学习数据，改进教学模式、教学方法和内容，作过程性评价，根据评价结果进行有针对性的教育。

3. 课程思政引导方式设计

（1）学习制度引导

执行绪论课建立课程学习制度，要求完成课前预习任务、课堂听课守规矩、课后练习守时。

（2）课程主题情景创设

用常言“窥一斑而知全豹”来创设主题引入情景，体现中国文化和情感体验。

（3）课程主题问题导入

明确“全微分”主题的基本问题，追设高层次的问题，比如应用性、评价性问题。

（4）问题解决评价导向

问题解决后，特别是有多种解决方法时，引导学生作价值“术、道、德”等因素判断，并作多维度价值导向。

（二）教学实践

1. 教学内容

①全微分的概念、全微分存在的必要条件与充分条件。

②全微分的计算。

③全微分在近似计算中的应用。

2. 教学方法

线上、线下混合式：课前运用雨课堂平台推送预习课件（含学习导航与慕课视频），运用云展网平台发布导学案；课堂采用多媒体课件和数学软件 Matlab 演示，口述启发，板书推导过程；课后布置作业与在线小测试。

分组讨论与互评：让 5 ～ 6 名同学结成学习小组，讨论学习材料，互评拓展性作业。

3. 教学过程

（1）课前预学

课前一天的晚自习用雨课堂平台推送预习课件、在课程微信群里发布云展网上导学案文档，引导学生阅读，鼓励小组内互讲。从学生阅览页数、时间长度与练习题得分，评测预学效果，指导后续教学。

（2）课堂教学

用雨课堂平台签到、直播、展示、弹幕互动、练习等记录学习过程。

本课程教学过程见表 33。

表33　“高等数学A2”课程教学过程

教学进程	教学内容	思政元素	教学方法
导入 入题 进入数学世界	有了表达万物“变化”的函数模型，就可以通过对该模型进行科学分析来获得认知。在上一节，把二元函数转化为一元函数来分析变化率，即对一个变量求偏导数时把另一个变量看作常数，但一般地，各个自变量可以同时变化。显然，以“偏”概全是不对的，如何从各偏导数中窥得多元函数变化的全貌呢？ 问题：如何利用各偏导数获得多元函数变化的全貌？ 当多元函数具有良好性质时，运用一个线性表达式（称为“全微分”）把偏导数综合起来，就可以获得较全面的认知，避免犯“以偏概全”的错误。 观念：“窥一斑而知全豹”。 关键在于如何“知”——取主要部分，作线性叠加。 简单起见，以两个自变量的函数（二元函数）为学习对象，更多元时作平行推广即可。	哲理 哲理 文化 创造	回顾 口述 问题导向

续表

教学进程	教学内容	思政元素	教学方法
进入数学世界	设函数 $z=f(x,y)$ 在 (x,y) 的某一邻域内有定义，当 y 固定而 x 有增量 Δx 时，该函数有关于自变量 x 的偏增量： $$\Delta x=f(x+\Delta x,y)-f(x,y)$$ 根据一元函数微分学中增量与微分的关系，可得：	科学思维	
	$$\Delta_x z=f(x+\Delta x,y)-f(x,y)\approx\frac{\partial z}{\partial x}\Delta x$$ 称 $\frac{\partial z}{\partial x}\Delta x$ 为函数 $z=f(x,y)$ 关于自变量 x 的偏微分。	严谨	PPT投影、板书
	类似地，当 x 固定而 y 有增量 Δy 时，函数关于自变量 y 的偏增量： $$\Delta_y z=f(x,y+\Delta y)-f(x,y)\approx\frac{\partial z}{\partial y}\Delta y$$	严谨	板书
	称 $\frac{\partial z}{\partial y}\Delta y$ 为函数 $z=f(x,y)$ 关于自变量 y 的偏微分。 一般地，自变量 x 与 y 会同时变化，设它们分别有增量 Δx 与 Δy，则二元函数 $z=f(x,y)$ 有增量 $\Delta z=f(x+\Delta x,y+\Delta y)-f(x,y)$。 称 $\Delta z=f(x+\Delta x,y+\Delta y)-f(x,y)$ 为函数 $z=f(x,y)$在点 $P(x,y)$ 处对应于自变量增量 Δx 与 Δy 的全增量。	严谨	
	一般来说，计算全增量比较复杂，与一元函数的微分的思想类似，当 $\lvert\Delta x\rvert$ 与 $\lvert\Delta y\rvert$ 充分小时，考虑用自变量的增量 Δx 与 Δy 的线性函数来近似代替函数的全增量 Δz，即： $$\Delta z=f(x+\Delta x,y+\Delta y)-f(x,y)\approx A\Delta x+B\Delta y$$	科学思想	板书、口述、PPT投影
	其中 A 和 B 不依赖 Δx 和 Δy 而仅与 x 和 y 有关。为了保证近似精度，希望二者之差是 $\rho=\sqrt{(\Delta x)^2+(\Delta y)^2}$ 的高阶无穷小，即： $$\lim_{\rho\to 0}\frac{\Delta z-[A\Delta x+B\Delta y]}{\rho}=0$$ 若分别令 $\Delta y=0$ 或 $\Delta x=0$，可得到： $$A=f'_x(x_0,y_0),B=f'_y(x_0,y_0)$$ 下面用概念和定理来严格表述上述想法。	辩证唯物主义立场和观点	
展开	一、全微分的概念 【概念】如果函数在点 (x,y) 的全增量可表达为 $\Delta z=A\Delta x+B\Delta y+o(\rho)$，其中 A 和 B 不依赖 Δx 和 Δy 而仅与 x 和 y 有关，称二元函数 $z=f(x,y)$ 在点 (x,y) 可微分。	严谨表达	PPT投影

续表

教学进程	教学内容	思政元素	教学方法
展开	自变量的增量 Δx 与 Δy 的线性和 $A\Delta x+B\Delta y$ 为二元函数 $z=f(x,y)$ 在点 (x,y) 全微分，记作 dz，即 $\mathrm{d}z=A\Delta x+B\Delta y$。 如果函数在区域 D 内各点处都可微分，二元函数 $z=f(x,y)$ 在区域 D 内可微分。 从上述定义可以看出，函数可微分是比连续更好的性质，即：如果函数 $z=f(x,y)$ 在点 (x,y) 可微分，那么函数在该点一定连续。 证明： 因为 $z=f(x,y)$ 在点 (x,y) 可微分，所以： $\Delta z=f(x+\Delta x,y+\Delta y)-f(x,y)=A\Delta x+B\Delta y+o(\rho)$ 取极限，得： $\lim\limits_{\substack{\Delta x\to 0\\ \Delta y\to 0}}\Delta z=\lim\limits_{\substack{\Delta x\to 0\\ \Delta y\to 0}}[f(x+\Delta x,y+\Delta y)-f(x,y)]=\lim\limits_{\substack{\Delta x\to 0\\ \Delta y\to 0}}[A\Delta x+B\Delta y+o(\rho)]$ $\Leftrightarrow \lim\limits_{\substack{\Delta x\to 0\\ \Delta y\to 0}}f(x+\Delta x,y+\Delta y)-f(x,y)=\lim\limits_{\substack{\Delta x\to 0\\ \Delta y\to 0}}A\Delta x+\lim\limits_{\substack{\Delta x\to 0\\ \Delta y\to 0}}B\Delta y+\lim\limits_{\substack{\Delta x\to 0\\ \Delta y\to 0}}o(\rho)=0$ 于是，$\lim\limits_{\substack{\Delta x\to 0\\ \Delta y\to 0}}f(x+\Delta x,y+\Delta y)=f(x,y)$。 因此，函数 $z=f(x,y)$ 在点 (x,y) 处连续。	严谨表达 辩证思维	PPT投影 对比启发、PPT投影
深入	引导学生回忆上一节，多元函数在某点的偏导数存在，并不能保证函数在该点连续。因此，函数可微分的性质比较好。 事实上，函数的可微分性蕴含了函数的偏导数存在性。 定理1：（必要条件）如果函数 $z=f(x,y)$ 在点 (x,y) 可微分，那么该函数在点 (x,y) 的偏导数 $\frac{\partial z}{\partial x}$ 与 $\frac{\partial z}{\partial y}$ 一定存在，且函数 $z=f(x,y)$ 在点 (x,y) 的全微分为 $\mathrm{d}z=\frac{\partial z}{\partial x}\Delta x+\frac{\partial z}{\partial y}\Delta y$。 证明：因为 $z=f(x,y)$ 在点 (x,y) 可微分，所以对于自变量的任意增量 Δx、Δy，全增量可表达为： $\Delta z=f(x+\Delta x,y+\Delta y)-f(x,y)=A\Delta x+B\Delta y+o(\rho)$ 特别地，当 $\Delta y=0$ 时，$\Delta z=f(x+\Delta x,y)-f(x,y)$ $=A\Delta x+o(\rho)$，$\rho=\lvert\Delta x\rvert$	回顾评价 辩证唯物主义立场和观点	对比启发

续表

教学进程	教学内容	思政元素	教学方法
深入	即关于 x 的偏增量： $\Delta_x z=f(x_0+\Delta x,y_0)-f(x_0,y_0)=A\Delta x+o(\lvert\Delta x\rvert)$，因此，关于 x 的偏导数为： $$\frac{\partial z}{\partial x}=\lim_{\Delta x\to 0}\frac{\Delta_x z}{\Delta x}=\lim_{\Delta x\to 0}\frac{f(x_0+\Delta x,y_0)-f(x_0,y_0)}{\Delta x}$$ $$=\lim_{\Delta x\to 0}[A+\frac{o(\lvert\Delta x\rvert)}{\Delta x}]=A$$ 当 $\Delta x=0$ 时，同理可证 $\frac{\partial z}{\partial y}=B$。 故，全微分 $\mathrm{d}z=\frac{\partial z}{\partial x}\Delta x+\frac{\partial z}{\partial y}\Delta y$。 注意偏导数存在只是可微分的必要条件，而非充分条件。函数的偏导数存在就可以形式地写出表达式 $\frac{\partial z}{\partial x}\Delta x+\frac{\partial z}{\partial y}\Delta y$，但该式不一定为全微分，因为不能保证 $\Delta z-(\frac{\partial z}{\partial x}\Delta x+\frac{\partial z}{\partial y}\Delta y)$ 是比 ρ 高阶的无穷小。 反例，函数 $f(x,y)=\begin{cases}\frac{xy}{\sqrt{x^2+y^2}}, & x^2+y^2\neq 0\\ 0, & x^2+y^2=0\end{cases}$ 在点（0，0）处由 $f'_x(0,0)=0$ 及 $f'_y(0,0)=0$，得： $$\Delta z-[f'_x(0,0)\Delta x+f'_y(0,0)\Delta y]=\frac{\Delta x\Delta y}{\sqrt{(\Delta x)^2+(\Delta y)^2}}$$ 考虑（Δx，Δy）沿着直线 $y=x$ 趋于（0，0），因为： $$\frac{\Delta z-[f'_x(0,0)\Delta x+f'_y(0,0)\Delta y]}{\rho}=\frac{\frac{\Delta x\Delta y}{\sqrt{(\Delta x)^2+(\Delta y)^2}}}{\sqrt{(\Delta x)^2+(\Delta y)^2}}$$ $$=\frac{\Delta x\Delta y}{(\Delta x)^2+(\Delta y)^2}=\frac{\Delta x\Delta x}{(\Delta x)^2+(\Delta x)^2}=\frac{1}{2}$$	辩证唯物主义立场和观点	PPT投影、板书 引导逆向思考 举反例、板书 引导探索

续表

教学进程	教学内容	思政元素	教学方法
深入	所以当 ρ 趋于 0 时，$\dfrac{\Delta z-[f_x'(0,0)\Delta x+f_y'(0,0)\Delta y]}{\rho}$ 不可能趋于 0。这表明当 ρ 趋于 0 时，$\Delta z-[f_x'(0,0)\Delta x+f_y'(0,0)\Delta y]$ 不是比 ρ 高阶的无穷小。因此，函数在（0，0）处的全微分不存在，即函数在（0，0）处不可微分。 不同于一元函数导数与可微的等价性，多元函数的偏导数存在一般推不出它可微分。不过，如果各偏导数还是连续的，就可以保证可微分，即可推导出定理 2。 定理 2：（充分条件）如果函数 $z=f(x,y)$ 的偏导数 $\dfrac{\partial z}{\partial x}$、$\dfrac{\partial z}{\partial y}$ 在点（x,y）连续，那么函数 $z=f(x,y)$ 在点（x,y）可微分。 证明： 在定理条件下，可证明有 $dz=f_x'(x,y)\Delta x+f_y'(x,y)\Delta y$。 当 $\lvert\Delta x\rvert$ 与 $\lvert\Delta y\rvert$ 都充分小时，函数的全增量： $\Delta z=f(x+\Delta x,y+\Delta y)-f(x,y)$ $=[f(x+\Delta x,y+\Delta y)-f(x,y+\Delta y)]+[f(x,y+\Delta y)-f(x,y)]$ 由一元函数微分中值定理可知： 存在 $0<\theta_1<1$，使： $f(x+\Delta x,y+\Delta y)-f(x,y+\Delta y)=f_x'(x+\theta_1\Delta x,y+\Delta y)\Delta x$ 存在 $0<\theta_1<1$，使： $f(x,y+\Delta y)-f(x,y)=f_y'(x,y+\theta_2\Delta y)\Delta y$ 所以，$\lim\limits_{\rho\to 0}\dfrac{\Delta z-(f_x'(x,y)\Delta x+f_y'(x,y)\Delta y)}{\rho}$ $=\lim\limits_{\rho\to 0}[f_x'(x+\theta_1\Delta x,y+\Delta y)-f_x'(x,y)]\dfrac{\Delta x}{\rho}$ $+\lim\limits_{\rho\to 0}[f_y'(x,y+\theta_2\Delta y)-f_y'(x,y)]\dfrac{\Delta y}{\rho}$ 由偏导数的连续性可知： $\lim\limits_{\rho\to 0}f_x'(x+\theta_1\Delta x,y+\Delta y)-f_x'(x,y)=0$	探索未知、追求真理	引导探索、PPT 投影、板书

续表

教学进程	教学内容	思政元素	教学方法
升华	$$\lim_{\rho\to 0} f_y'(x,y+\theta_2\Delta y)-f_y'(x,y)=0$$ 又因为$\left\lvert\frac{\Delta x}{\rho}\right\rvert\leqslant 1,\left\lvert\frac{\Delta y}{\rho}\right\rvert\leqslant 1$，所以： $$\lim_{\rho\to 0}\frac{\Delta z-(f_x'(x,y)\Delta x+f_y'(x,y)\Delta y)}{\rho}=0$$ 于是，函数$z=f(x,y)$在点(x,y)可微分。 上述命题的逆命题不成立。比如，二元函数： $$z=f(x,y)=\begin{cases}(x^2+y^2)\sin\frac{1}{x^2+y^2}, & x^2+y^2\neq 0 \\ 0, x^2+y^2=0\end{cases}$$ 在点（0，0）处可微分，但偏导数不连续。因此，定理 2 只是充分条件，而非必要条件。	辩证唯物主义立场和观点	口述、评价、举反例
浅出	总结：多元函数在某点连续、偏导数存在与可微分的关系： ①函数连续时偏导数不一定存在，函数偏导数存在时不一定连续。 ②函数连续时不一定可微，函数可微时一定连续。 ③函数偏导数存在时不一定可微，函数可微时偏导数一定存在。 ④函数可微时偏导数不一定存在，函数偏导数连续时函数一定可微。	科学思维方法	归纳总结、PPT投影
浅出	以上关于二元函数全微分的定义及可微分的必要条件和充分条件，可以完全类似地推广到二元以上的多元函数。 二、全微分的计算 习惯上，将自变量的增量Δx与Δy分别写作$\mathrm{d}x$与$\mathrm{d}y$，并分别称为自变量x与y的微分。这样函数$z=f(x,y)$关于自变量x与y的偏微分就可分别写为$\frac{\partial z}{\partial x}\mathrm{d}x$与$\frac{\partial z}{\partial y}\mathrm{d}y$，全微分写为$\mathrm{d}z=\frac{\partial z}{\partial x}\mathrm{d}x+\frac{\partial z}{\partial y}\mathrm{d}y$。	简洁一致、数学美育	口述、板书
	二元函数的全微分等于它的两个偏微分之和。因为偏微分的数量与自变量的个数相等，所以将其综合就可获得因变量变化的全部信息，有效避免了“以偏概全”的错误。各个偏微分类似于观察立体的“三视图”。	明理	口述

续表

教学进程	教学内容	思政元素	教学方法
数学问题解决	将单个自变量的变化情况累加起来是综述全面变化情况的基本思想方法，常称为叠加原理。叠加原理也适用于二元以上的函数。例如，如果三元函数 $u=f(x,y,z)$ 可微分，那么它的全微分就等于它的三个偏微分之和，即 $\mathrm{d}u=\frac{\partial u}{\partial x}\mathrm{d}x+\frac{\partial u}{\partial y}\mathrm{d}y+\frac{\partial u}{\partial z}\mathrm{d}z$。 问题：如何表达多元函数在某点处的全面变化情况？ 如果多元函数具有良好的性质（比如可微分），用它的全微分可以表达出“变化”的主要部分。 方法：求多元函数的全微分，即先求多元函数的偏导数，然后让偏导数与相应自变量的微分相乘得偏微分，最后把所有偏微分加起来。	科学精神 科学方法	口述 PPT投影
深入训练	【例 1】求三元函数 $u=f(x,y,z)$ 的全微分。 解： 因为各一阶偏导数为 $\frac{\partial z}{\partial x}=y^2z^3$，$\frac{\partial z}{\partial y}=2xyz^3$，$\frac{\partial z}{\partial z}=3xy^2z^2$； 各一阶偏微分为 $\frac{\partial z}{\partial x}\mathrm{d}x=y^2z^3\mathrm{d}x$，$\frac{\partial z}{\partial y}\mathrm{d}y=2xyz^3\mathrm{d}y$，$\frac{\partial z}{\partial z}\mathrm{d}z=3xy^2z^2\mathrm{d}z$。 所以全微分 $\mathrm{d}u=\frac{\partial u}{\partial x}\mathrm{d}x+\frac{\partial u}{\partial y}\mathrm{d}y+\frac{\partial u}{\partial z}\mathrm{d}z=y^2z^3\mathrm{d}x+2xyz^3\mathrm{d}y+3xy^2z^2\mathrm{d}z$。 为表述简单，常不单独写出偏微分，直接写出全微分，并认为全微分是各自变量微分的线性组合，系数为相应的偏导数。	科学思维方法训练	板书演示
深入训练	【例 2】求函数 $z=x^y$ 在点（2，2）处的全微分。 解： 因为 $\frac{\partial z}{\partial x}=yx^{y-1}$，$\frac{\partial z}{\partial y}=x^y\ln x$，故： 所求全微分 $\mathrm{d}z\Big\|_{\substack{x=2\\y=2}}=(yx^{y-1}\mathrm{d}x+x^y\ln x\mathrm{d}y)\Big\|_{\substack{x=2\\y=2}}=4\mathrm{d}x+4\ln 2\mathrm{d}y$。 【练习】求函数 $z=e^y$ 在点（2，1）处的全微分。 【例 3】求当自变量增量 $\Delta x=0.5$，$\Delta y=0.1$ 时，函数 $z=\arctan\frac{x}{y}$ 在点（2，1）处的全微分。	科学思维方法训练	板书演示

续表

教学进程	教学内容	思政元素	教学方法
深入训练	解：$\dfrac{\partial z}{\partial x}=\dfrac{1}{1+\left(\dfrac{x}{y}\right)^2}\cdot\dfrac{1}{y}=\dfrac{y}{x^2+y^2}$ $\dfrac{\partial z}{\partial y}=\dfrac{1}{1+\left(\dfrac{x}{y}\right)^2}\cdot(-\dfrac{x}{y^2})=-\dfrac{x}{x^2+y^2}$ 所以 $\left.\dfrac{\partial z}{\partial x}\right\|_{\substack{x=2\\y=1}}=\dfrac{1}{5}$，$\left.\dfrac{\partial z}{\partial y}\right\|_{\substack{x=2\\y=1}}=-\dfrac{2}{5}$，$\left.\mathrm{d}z\right\|_{\substack{x=2\\y=1}}=\dfrac{1}{5}\mathrm{d}x-\dfrac{2}{5}\mathrm{d}y$。 注意到自变量增量 $\Delta x=0.5$，$\Delta y=0.1$，即 $\Delta x=0.5$，$\Delta y=0.1$， 故所求全微分 $\left.\mathrm{d}z\right\|_{\substack{x=2\\y=1}}=\dfrac{1}{5}\mathrm{d}x-\dfrac{2}{5}\mathrm{d}y=\dfrac{1}{5}\times0.5+(-\dfrac{2}{5})\times0.1=0.06$。	科学思维方法训练	板书演示
实际问题解决	三、全微分在近似计算中的应用 在解决实际问题中，如果二元函数模型 $z=f(x,y)$ 的偏导数 $f_x'(x,y)$、$f_y'(x,y)$ 在点（x_0,y_0）连续（可从问题背景判断），（x,y）是点（x_0,y_0）的某邻域内的点，且自变量增量的绝对值 $\|\Delta x\|=\|x-x_0\|$ 与 $\|\Delta y\|=\|y-y_0\|$ 都较小时，那么因变量在点（x_0,y_0）的改变量（函数的全增量）可用函数的全微分来近似，即： $\Delta z\approx \mathrm{d}z=f_x'(x_0,y_0)\Delta x+f_y'(x_0,y_0)\Delta y$	正确认识问题	口述、PPT投影
	也可以写成： $f(x+\Delta x,y+\Delta y)\approx f(x_0,y_0)+f_x'(x_0,y_0)\Delta x+f_y'(x_0,y_0)\Delta y$ 或 $f(x,y)\approx f(x_0,y_0)+f_x'(x_0,y_0)(x-x_0)+f_y'(x_0,y_0)(y-y_0)$ 注意约等号右边表达式是二元线性的，若让其等于 z，即： $z=f(x_0,y_0)+f_x'(x_0,y_0)(x-x_0)+f_y'(x_0,y_0)(y-y_0)$ 则该表达式表达的是一张平面（称为切平面）。 这就是说当二元函数可微分时，可用一个二元线性表达式来局部近似它。这与一元函数的情形相类似，据此可以对二元函数作近似计算。	分析问题	板书
深入训练	【例4】计算（1.04）$^{2.02}$ 的近似值。 解： 引入二元函数 $f(x,y)=x^y$ 来解决问题，即计算函数值 $f(1.04,2.02)=(1.04)^{2.02}$ 的近似值。 取 $x_0=1$，$y_0=2$，$\Delta x=0.04$，$\Delta y=0.02$，$x=1.04$，$y_0=2.02$，	科学思维方法训练	口述、板书演示

续表

教学进程	教学内容	思政元素	教学方法
知识总结	由于$f(1,2)=1$，且： $f'_x(x,y)=yx^{y-1},\ f'_y(x,y)=x^y\ln x$，$f'_x(1,2)=2,\ f'_y(1,2)=0$， 所以： $$f(1.04,2.02)\approx f(1,2)+f'_x(1,2)(1.04-1)+f'_y(1,2)(2.02-2)$$ $$=1+2\times0.04+0\times0.02=1.08$$ 近似计算结果的误差是比$\rho=\sqrt{(\Delta x)^2+(\Delta y)^2}$的高阶无穷小$o(\rho)$，如果需要更准确的误差估计，可利用如下结论： 结论 1：$z=f(x,y)$的绝对误差$\frac{\delta_z}{z}$约为$\left\|\frac{\frac{\partial z}{\partial x}}{z}\right\|\delta_x+\left\|\frac{\frac{\partial z}{\partial y}}{z}\right\|\delta_y$。 结论 2：$z=f(x,y)$的相对误差$\frac{\delta_z}{z}$约为$\left\|\frac{\frac{\partial z}{\partial x}}{z}\right\|\delta_x+\left\|\frac{\frac{\partial z}{\partial y}}{z}\right\|\delta_y$。 其中$\delta_x$、$\delta_y$分别为自变量$x$、$y$的绝对误差，即$\|\Delta x\|\leqslant\delta_x$、$\|\Delta y\|\leqslant\delta_y$。 证：由下式可得到： $$\|\Delta z\|\approx\|\mathrm{d}z\|=\left\|\frac{\partial z}{\partial x}\Delta x+\frac{\partial z}{\partial y}\Delta y\right\|\leqslant\left\|\frac{\partial z}{\partial x}\right\|\cdot\|\Delta x\|+\left\|\frac{\partial z}{\partial y}\right\|\cdot\|\Delta y\|\leqslant\left\|\frac{\partial z}{\partial x}\right\|\delta_x+\left\|\frac{\partial z}{\partial y}\right\|\delta_y$$	科学思维方法训练 勇攀科学高峰的责任感和使命感	口述、板书、演示 归纳、板书演示
深入训练	【例 5】对物理实验“利用单摆摆动测定重力加速度g”进行误差分析。设测得单摆摆长l与振动周期T分别为$l=(100\pm0.1)$厘米，$T=(2\pm0.004)$秒。问由于测定l与T的误差而引起g的绝对误差和相对误差各为多少？提示：单摆摆动测定重力加速度公式为$g=\frac{4\pi^2l}{T^2}$。 解： 若把测量l与T时所产生的误差当作自变量增量$\|\Delta l\|$与$\|\Delta T\|$，那么利用公式$g=\frac{4\pi^2l}{T^2}$计算所产生的误差就是二元函数$g=\frac{4\pi^2l}{T^2}$的全增量的绝对值$\|\Delta g\|$。由于$\|\Delta l\|$与$\|\Delta T\|$都较小，所以可用全微分$\mathrm{d}g$来近似地表达Δg，这样就得到g的误差为：	科学思维方法训练	PPT投影、板书演示

续表

教学进程	教学内容	思政元素	教学方法
深入训练	$\lvert\Delta g\rvert\approx\lvert \mathrm{d}g\rvert=\lvert\frac{\partial g}{\partial l}\Delta l+\frac{\partial g}{\partial T}\Delta T\rvert\leqslant\lvert\frac{\partial g}{\partial l}\rvert\cdot\lvert\Delta l\rvert+\lvert\frac{\partial g}{\partial T}\rvert\cdot\lvert\Delta T\rvert\leqslant\lvert\frac{\partial g}{\partial l}\rvert\delta_l+\lvert\frac{\partial g}{\partial T}\rvert\delta_T$ $\leqslant\frac{4\pi^2}{T^2}\delta_l+\frac{8\pi^2 l}{T^3}\delta_T$ 其中 δ_l、δ_T 分别为 l、T 的绝对误差，$\frac{\partial g}{\partial l}=\frac{4\pi^2}{T^2}$，$\frac{\partial g}{\partial T}=\frac{-8\pi^2 l}{T^3}$。 由测量值可知，$l$=100 厘米，$T$=2 秒，$\delta_l$=0.1 厘米，$\delta_T$=0.004 秒。代入上式，得 g 的绝对误差约为： $\delta_g=\frac{4\pi^2}{2^2}\times0.1+\frac{8\pi^2\times100}{2^3}\times0.004=0.5\pi^2\approx4.93$厘米/秒^2 从而 g 的相对误差约为 $\frac{\delta_g}{g}=\frac{0.5\pi^2}{\frac{4\pi^2\times100}{2^2}}=0.5\%$。	科学思维方法训练	PPT投影、板书演示
浅出	由学生思考：“窥一斑而知全豹”贬义还是褒义？——关键是“知”！	优秀品德	明理树人、口述、启发
课堂小结	四、课堂小结与课后作业 重点：全微分的计算。 难点：全微分存在的必要条件和充分条件。 课后作业： ①（基本练习）按时完成雨课堂平台推送的题目，学习笔记本上解答，雨课堂平台提交。 ②（扩展探索）试分析体感温度与实际温度、相对湿度间的依赖关系。假设实际温度和相对湿度对体感温度的效应是叠加的。事实上，体感温度除了与实际温度和相对湿度有关，还与风速、日照、衣着甚至心情等多种因素有关。如果再考虑风速，如何分析？ 提示：可通过网上查询“体感温度对照表”获得数据	科学思维方法训练、探索未知、追求真理	课后练习 分组讨论

（3）课后实践

让学生利用数学软件 Matlab 求解全微分。

（三）教学反思

本节课“全微分及其应用”运用辩证唯物主义和历史唯物主义立场观点，以数学推理的方式阐明了如何用“部分”科学地表达“整体”，对于学生遇事明理具有重要意义。依托中国文化名言警句、数学学科知识等教学素材，采用口述启发、板书等教学手段，结合亲身经历和身边的事，思政教学效果较好，学生的学习兴趣和主动性获得提升，多维教学目标达成度较好。

由于数学推理需要一定的知识和能力基础，且思维线路较长，少部分同学跟上节奏压力较大。在后续教学中可以引入更多“阶梯”，满足学生个性化需求，提高学生课前、课堂、课后有效参与度，提升课程目标达成度。

简谐运动方程思政教学方案

完成人：李庆福　审核人：王素艳　陈辉

一、课程基本情况

课程名称：大学物理

授课对象：材料学院高分子、轻化专业大学二年级学生

课程性质：素质基础课

二、课程简介

以物理学基础为内容的“大学物理”课程，是高等学校理工科各专业学生一门重要的通识性必修基础课。该课程所教授的基本概念、基本理论和基本方法是构成学生科学素养的重要组成部分，是一个科学工作者和工程技术人员所必备的。

“大学物理”课程在为学生系统地打好必要的物理基础，培养学生树立科学的世界观，增强学生分析问题和解决问题的能力，培养学生的探索精神和创新意识等方面，具有其他课程不能替代的重要作用。

通过“大学物理”课程的教学，学生对物理学的基本概念、基本理论和基本方法有比较系统的认识和正确的理解，为进一步学习打下坚实的基础。在大学物理课程的各个教学环节中，都应在传授知识的同时注重学生分析问题和解决问题能力的培养，注重学生探索精神和创新意识的培养，努力实现学生知识、能力、素质的协调发展。

三、课程教学目标

（一）思政目标

“大学物理”课程中典型案例可以实现对学生的价值引领。知识的逻辑性和研究方法，有利于树立学生科学精神和辩证思维方法。相关的科技动态和社会热点，能引导正面思考及核心价值观培养。

（二）教学目标

通过“大学物理”课程的教学，应使学生对物理学的基本概念、基本理论和基本方法有比较系统的认识和正确的理解，为进一步学习打下坚实的基础。在“大学物理”课程的各个教学环节中，都应在传授知识的同时注重学生分析问题和解决问题能力的培养，注重学生探索精神和创新意识的培养，努力实现学生知识、能力、素质的协调发展。

四、课程基本内容及要求

本课程基本内容及要求见表34。

表34 “大学物理”课程基本内容及要求

课程章节	知识点	课程思政教学知识点
第一章 质点运动学	了解：机械运动的分类； 理解：运动方程的物理意义及作用。描述质点运动的四个物理量的矢量性、瞬时性和相对性。 掌握：位置矢量、位移、加速度等描述质点运动及运动变化的物理量； 应用：能用运动方程确定质点的位置、位移、速度和加速度的方法，以及已知质点运动的加速度和初始条件求速度、运动方程的方法；能计算质点在平面内运动时的速度和加速度，以及质点作圆周运动时的角速度、角加速度、切向加速度和法向加速度	物理概念建立的逻辑关系——辩证思维

续表

课程章节	知识点	课程思政教学知识点
第二章　牛顿定律	了解：牛顿定律和万有引力定律发现的背景； 理解：物理量的单位和量纲； 掌握：牛顿定律的基本内容及其适用条件。用隔离体法分析物体的受力情况； 应用：能用微积分方法求解变力作用下的简单质点动力学问题	牛顿的科学精神，深空探测和载人航天技术——爱国主义精神教育
第三章　动量守恒定律和能量守恒定律	了解：完全弹性碰撞和完全非弹性碰撞的特点； 理解：动量、冲量概念；功的概念，保守力做功的特点及势能的概念；动能定理、功能原理和机械能守恒定律； 掌握：掌握运用守恒定律分析问题的思想和方法；掌握动量定理和动量守恒定律。 应用：能计算变力的功，会计算万有引力、重力和弹性力的势能	回转仪在军事、航天、汽车领域的应用——科技兴国、热爱科学、积极探索的精神。知识点在跳水及花样滑冰运动中的应用——不畏艰难、不怕失败的优秀品质
第四章　刚体的转动	了解：刚体的基础运动特点； 理解：描写刚体定轴转动的物理量、角量与线量的关系、力矩和转动惯量概念； 掌握：刚体绕定轴转动的转动定理；角动量定理，质点在平面内运动以及刚体绕定轴转动情况下的角动量守恒问题； 应用：用以上规律分析和解决包括质点和刚体的简单系统的力学问题	牛顿力学和相对论——勇于探索真理的精神，创造性思维和批判性思维能力，正确科学观
第五章　静电场	了解：静电场和实物的区别； 理解：描述静电场的两个物理量——电场强度和电势的概念； 掌握：理解静电场的高斯定理及静电场的环路定理； 应用：用点电荷电场强度和叠加原理以及高斯定理求解带电系统电场强。用点电荷和叠加原理以及电势的定义式求解带电系统电势	点电荷模型——唯物主义辩证观

续表

课程章节	知识点	课程思政教学知识点
第六章　恒定磁场	了解：恒定电流产生磁场的本质； 理解：毕奥—萨伐尔定律，磁通量的概念； 掌握：稳恒磁场的高斯定理和安培环路定理； 应用：能利用毕奥—萨伐尔定律和安培环路定理计算一些简单问题中的磁感强度	指南针的发明——民族自豪感

五、课程思政教学设计

此处以简谐运动方程内容的教学为例，阐述教学方案设计。

（一）教学目标

1. 本讲的课程思政教学目标

① 从演示实验中鼓励学生探索现象到本质的逻辑关系，结合生活中的共振、地震等现象提出如何以科学的精神对待突发事件，辩证思考社会问题（思政内容），能熟练地确定振动系统的特征量，从而建立简谐运动方程（教学知识点）。

② 通过对罗伯特·胡克生平事迹与重要科学成就的讲解培养学生刻苦勤奋、坚忍不拔、追求真理、勇攀高峰的科学精神（思政内容），掌握描述简谐运动的特征量——振幅、周期、频率、相位的物理意义（教学知识点）。

2. 如何体现课程思政教学目标

① 通过演示实验与思考讨论，引导学生应用唯物主义世界观与方法论。探索简谐运动现象背后的物理机制，以潜移默化的形式将思政元素渗透知识教学中，引导学生学会认识问题、分析问题，找到解决问题的途径，进而升华形成科学的唯物主义世界观。

② 将罗伯特·胡克的生平事迹、认识过程和方法以及科学家做出的不懈努力融入教学内容中，引领学生体会科学家们刻苦勤奋、坚忍不拔、追求真理、勇攀高峰的科学精神。

（二）课程思政案例内容

1. 案例引出

（1）课堂活动

在生活中存在大量的运动，如弹簧、水波等运动形式，通常我们称为振动，那么振动如何分类，如何用物理学方法表述呢？本节主要讨论振动的问题。

（2）课堂讨论

振动如何定义？振动的基本特征是什么？

2. 案例内容

引言部分包括以下内容：

（1）什么是振动（Vibration）

振动是自然界和工程技术领域常见的一种运动，广泛存在于机械运动、电磁运动、热运动、原子运动等运动形式之中。从狭义上说，通常把具有时间周期性的运动称为振动，如钟摆、发声体、开动的机器、行驶中的交通工具都有机械振动；广义地说，任何一个物理量在某一数值附近作周期性的变化，都称为振动。变化的物理量称为振动量，它可以是力学量、电学量或其他物理量。例如，交流电压、电流的变化、无线电波电磁场的变化，等等。

思政教学：以现象为切入点，引导学生对物理思维方式的辩证性的思考，从地震现象引入汶川地震，体现我国集中力量办大事的制度优势，增强学生的政治认同感。

（2）什么是机械振动（Mechanical Vibration）

机械振动是最直观的振动，它是物体在一定位置附近的来回往复的运动，如活塞的运动、钟摆的摆动等都是机械振动。

（3）研究机械振动的意义

不同类型的振动虽然有本质的区别，但是仅就振动过程而言，振动量随时间的变化关系，往往遵循相同的数学规律，从而使不同本质的振动具有相同的描述方法。

（4）机械振动的特点

①有平衡点。

②具有重复性，即具有周期性。

（5）机械振动分类

按振动规律分：简谐、非简谐、随机振动。

按产生振动原因分：自由、受迫、自激、参变振动。

按自由度分：单自由度系统、多自由度系统振动。

按振动位移分：角振动、线振动。

按系统参数特征分：线性、非线性振动。

简谐振动是最基本的振动，存在于许多物理现象中。本章主要研究简谐振动的规律，简单介绍阻尼振动、受迫振动、共振等。

（6）简谐运动

在一切振动中，最简单和最基本的振动称为简谐运动，其运动量按正弦函数或余弦函数的规律随时间变化。任何复杂的运动都可以看成是若干简谐运动的合成。本节以弹簧振子为例讨论简谐运动的特征及其运动规律。

①简谐运动基本概念。

A. 弹簧振子。轻质弹簧（质量不计）一端固定，另一端系一质量为 m 的物体，置于光滑的水平面上。物体所受的阻力忽略不计。设在 O 点弹簧没有形变，此处物体所受的合力为零，称 O 点为平衡位置。系统一经触发，就绕平衡位置作来回往复的周期性运动。这样的运动系统叫作弹簧振子（Harmonic Oscillator），它是一个理想化的模型。

思政教学：从演示实验中鼓励学生探索现象到本质的逻辑关系，结合生活中的共振、地震等现象提出如何以科学的精神对待突发事件，辩证思考社会问题。

B. 弹簧振子运动的定性分析。考虑物体的惯性和作用在物体上的弹性力：

B → O：弹性力向左，加速度向左，加速，O 点，加速度为零，速度最大；

O → C：弹性力向右，加速度向右，减速，C 点，加速度最大，速度为零；

C → O：弹性力向右，加速度向右，加速，O 点，加速度为零，速度最大；

O → B：弹性力向左，加速度向左，减速，B 点，加速度最大，速度为零。

物体在 B、C 之间来回往复运动。

得出物体做简谐运动的条件：

物体的惯性——阻止系统停留在平衡位置；

作用在物体上的弹性力——驱使系统回复到平衡位置。

②弹簧振子的动力学特征。

结合图 13，分析弹簧振子的受力情况。取平衡位置 O 点为坐标原点，水平向右为 X 轴的正方向。由胡克定律可知，物体 m（可视为质点）在坐标为 x（相对于 O 点的位移）的位置时所受弹簧的作用力为

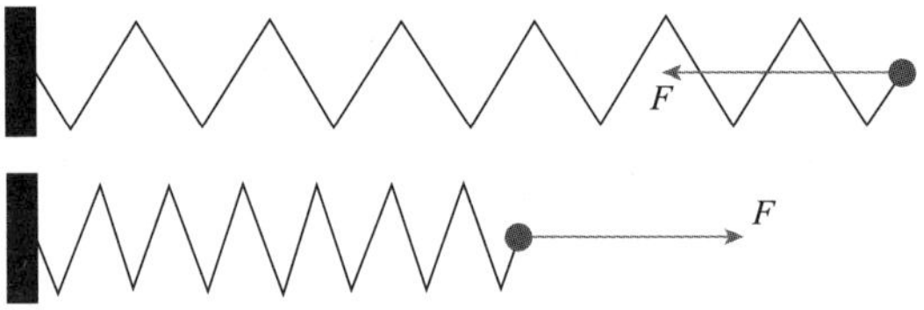

图13　线性回复力

$$F=-kx$$

式中的比例系数 k 为弹簧的劲度系数，它反映弹簧的固有性质，负号表示力的方向与物体位移的方向相反，它是始终指向平衡位置的。离平衡位置越远，力越大；在平衡位置力为零，物体由于惯性继续运动。这种始终指向平衡位置的力称为回复力。

③动力学方程及其解。根据牛顿第二定律：

$$F=ma$$

可得物体的加速度为 $a=\dfrac{F}{m}=-\dfrac{k}{m}x$；

对于给定的弹簧振子，m 和 k 均为正值常量，令：

$$\omega^2=\frac{k}{m}$$

则上式可以改写为 $\alpha=-\omega^2x$，即 $\dfrac{d^2x}{dt^2}=-\omega^2x$，或 $\dfrac{d^2x}{dt^2}+\omega^2x=0$。

这就是简谐运动的微分方程。

（三）分析讲解

1. 重点分析：案例与本讲内容的关联度

本节课的内容是理解运动方程以及方程中各特征量的物理意义，通过仔细讲解弹簧振子模型建立运动学方程是理解重点的关键，课程思政案例是以现象为切入点，引导学生对物理思维方式的辩证性的思考，从地震现象引入汶川地震，体现我国集中力量办大事的制度优势，增强学生的政治认同感。课程思政案例同时也是课程专业知识的拓展案例，通过课程思政案例的讲授使学生能深刻认识关系人类文明进步的重大科学发现背后科学家们的艰苦卓绝的工作，潜移默化中体会到科学家们在艰苦环境下勤奋学习、刻苦钻研的奋斗精神以及坚持不懈、献身科学的奉献精神，当前社会主义建设工作正是需要广大青年以这种精神投身其中。通过知识的讲解，让学生掌握物理学基础知识、基本规律，达到提升科学素质、提高知识水平的目的，而具有高知识水平、高文化素养的劳动者也是社会主义事业建设所急需的人才。因此二者在教学内容和教学目标上彼此契合，共同促进。

2. 如何达成课程思政预期目标：采取适宜的教学方法和教学模式

①案例导入以现象为切入点，引发学生对物理思维方式的辩证性的思考，将学生带入亲身经历的体验中，使学生能主动对生活中常见的发明进行思考。在后续内容中通过引导使学生思考重大发明给人类文明带来的变革。

②使用讲授法，通过对胡克生平的讲解，重点讲解发现定律的艰苦工作过程，使得学生能体会科学家们在艰苦环境下坚持不懈、刻苦钻研的科学研究精神，为人类文明进步而勇攀高峰、奋斗终生的无私奉献精神。同时与当前国内外形势相结合，培养学生坚定“四个自信”，引导学生瞄准世界科技前沿，树立投身科学研究和技术创新的远大理想，激发学生投身科研工作的热情，促使学生树立勇攀科学高峰的志向。

“计算机应用基础”课程思政教学设计案例

完成人：洪颖　审核人：马凤宝

一、课程基本情况

课程名称：计算机应用基础
授课对象：大学一年级学生
课程性质：素质基础课

二、课程简介

“计算机应用基础”是面向大学新生的第一门计算机通识类课程，是计算机程序设计、Web设计与编程、数据库管理系统等后续计算机课程的先修课程，是了解和掌握计算机相关知识的必由之路，也是培养计算机应用能力和计算思维及信息素养的重要基础。本课程涉及计算机基础知识、计算机系统、算法和程序设计、多媒体技术、互联网及物联网、信息安全、人工智能、大数据库与大数据等内容。

三、课程教学目标

（一）思政目标

结合课程教学内容，充分挖掘思政元素，把思想政治教育贯穿本课程教学全过程，实现知识传授、能力培养与价值引领的有机统一；介绍中国在信息技术领域取得的巨大成就，激发学生的爱国热情，引导学生树立正确的社会主义核心价值观，培养学生的创新精神和工匠精神。

（二）教学目标

通过讲授信息技术的相关知识，让学生具备基本的计算机应用能力，能够解决学习、生活、工作中遇到的具体问题；培养学生的计算思维能力和信息素养，使其具备信息社会的生存能力，迎接未来人工智能和物联网时代的挑战，成为具备较强竞争力的复合型人才。

四、课程基本内容及要求

本课程基本内容及要求见表35。

表35 “计算机应用基础”课程基本内容及要求

课程章节	知识点	课程思政教学知识点
第一章 计算机与信息社会	计算机的应用领域	培养学生“四个自信”，激发学生民族自豪感。介绍我国在共享单车、移动支付、电子商务等方面的计算机应用走在世界前列，极大方便了大家的生活
	计算机的分类	介绍我国“天河二号”“神威·太湖之光”等超级计算机，让学生看到了中国巨型机研制处于世界前沿
第二章 数制与信息编码	汉字编码	介绍王选的汉字激光照排系统，让我国的印刷术“告别了铅与火，迎来了光与电”。再介绍王永民在1983年发明“王码五笔字型”汉字输入法，有效解决了信息时代汉字输入难题。培养学生的文化自信和家国情怀
第三章 计算机系统组成	计算机五大功能部件	通过计算机中运算器、控制器、存储器、输入设备和输出设备五大部件的协同工作，让学生体会到团队协作、共同奉献的重要性。引导学生团队协作、甘于奉献、互相帮助、共同进步，强调集体主义的重要性，培养学生的大局观念
第四章 程序设计与算法	Python 语言的开发环境	把“四大名著”和党的二十大报告作为词云制作的素材，引导学生热爱传统文化，坚定四个自信，爱党、爱国

续表

课程章节	知识点	课程思政教学知识点
第四章　程序设计与算法	程序设计的一般方法	让学生了解程序设计是一个细致的、严谨的、不断完善的过程。在提高技能的同时，要为社会服务，绝不利用自己的技术去危害国家和社会。培养学生精益求精的工匠精神，锤炼良好的职业道德素养
第五章　办公自动化	Microsoft Word Microsoft Excel Microsoft PowerPoint	选择一些社会主义核心价值观的内容作为素材进行 Word、Excel 和 PowerPoint 的编辑操作，如“大国工匠”“精准扶贫”“不忘初心、牢记使命”等。加深学生对社会主义核心价值观的本质和内涵的理解，让学生体会到社会主义制度的优越性，对中国特色社会主义道路充满自信
第六章　多媒体应用基础	多媒体数据处理	把“国庆阅兵”“中国共产党成立 100 周年庆祝大会”等主题视频作为素材进行音、视频的编辑操作。增强学生民族自豪感、坚定中国共产党的领导，坚定理想信念
第七章　网络应用基础	Internet 基本技术	介绍中国互联网二十几年发展所取得的巨大成就，激发学生的爱国情怀
第八章　大数据及其处理技术	大数据处理技术	介绍大数据助力疫情传播分析、大数据监控疫情实时动态等疫情防控案例。激发学生大国担当的使命感，增强学生“四个自信”
第九章　信息安全	信息安全概述	介绍典型的网络诈骗案和病毒犯罪事件，增强学生的法律法规意识，文明上网、遵纪守法。增强学生社会责任感和网络安全意识，让学生意识到“没有网络安全就没有国家安全”

五、课程思政教学设计

本教学设计是“计算机应用基础”课程中第四章“程序设计与算法”中的“Python 语言的开发环境”部分。

（一）教学设计

1. 总体理念

高等学校的根本任务是立德树人，不仅在学识上还需在思想道德上进行全方位育人，为中国特色社会主义培养合格的建设者和接班人。以前思政教育的任务主要由专门的思政课程来承担，学科课程和思政课程之间存在天然壁垒，相对于思想政治理论课课堂教学这个主渠道，“其他各门课都要守好一段渠、种好责任田，使各类课程与思想政治理论课同向同行，形成协同效应”。课程思政是实现“三全育人”不可或缺的途径，在课程中充分挖掘思政元素，融入思政内容，做到“门门有思政，人人讲育人”，真正实现德育和智育同步育人。教学设计中要强调思政元素与学科知识的水乳交融，以润物无声的方式涤荡学生心灵，获得学生情感上的共鸣，做到课堂上“有滋有味”，生活中“回味无穷”，受益终身。在教学中结合程序实例，注重延伸课程知识，“因势利导，顺势而为”地开展思政教育。

“计算机应用基础”课程是面向大学一年级学生开设的一门必修课，旨在培养学生计算思维能力和信息素养。在当前信息时代，青年学生容易受到一些负面价值观的影响，这会对他们原本未完全形成的价值观形成冲击，导致他们离社会主义核心价值观越来越远，这会严重影响高等教育为社会主义培养人这个初心使命。所以对“计算机应用基础”课程开展课程思政很有必要。通过梳理课程各知识点，巧妙地融入思政内容，在开展教学过程中将价值塑造、知识传授和能力培养三者有机融合，不仅会增强课程教学的趣味性，也在不知不觉中开展了思想政治教育，让学生能树立正确的价值观和抵御不良信息的侵扰，培养了家国情怀，增强文化自信和民族自豪感，从而实现全方位育人的目标。

2. 教学设计思路

本小节是“计算机应用基础”课程中第四章“程序设计与算法”中的一部分，程序设计是一个严谨的过程，代码编写必须符合规范，否则运行得不到结果。本部分的教学目标包括知识目标、能力目标、素质目标和思政目标，分别如下。

知识目标：掌握 Python 语言的编程环境；掌握 Python 语言文件的建立、编码规则、运行和结果输出；理解词频统计的基本方法；了解词云的含义。

能力目标：掌握在 Python 语言编程环境 IDLE 中建立 Python 文件的方法；

能够理解和编写简单的代码；掌握 Python 程序运行方法；能够修改代码改变程序输出；能够举一反三用 Python 语言程序解决其他同类问题。

素质目标：培养学生细致、严谨、不断完善的作风。

思政目标：让学生坚定党的领导，增强文化自信和家国情怀，培养精益求精的工匠精神。

本次课程思政案例的实施分为课前准备阶段、初始教学阶段、课中教学阶段、任务阶段、翻转课堂、评价阶段、讨论阶段、课后作业等。教学流程图如图 14 所示。

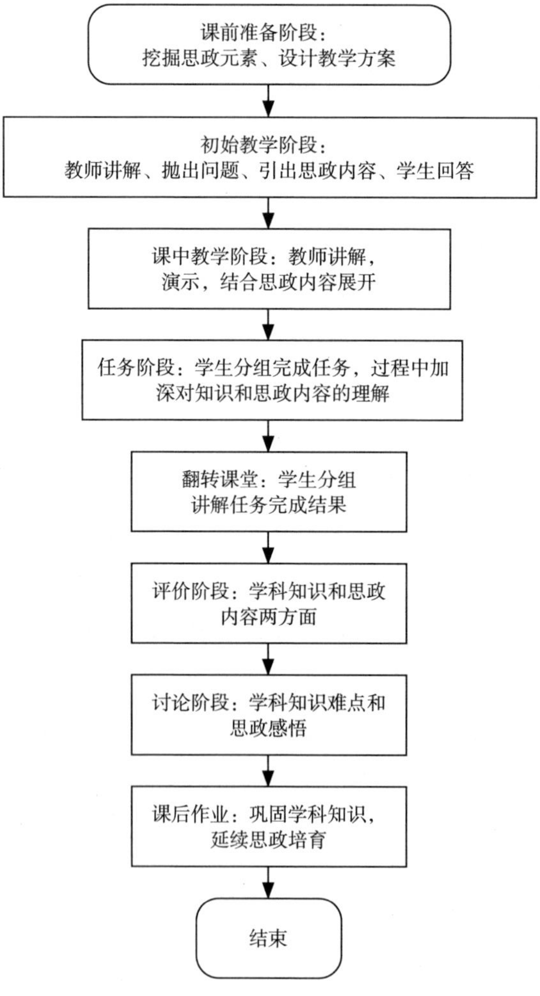

图14　教学流程

（二）教学实践

本小节的教学内容是介绍计算机程序设计高级语言，然后以 Python 语言为例讲解 Python 语言编程环境、简单程序设计等内容。结合该学科知识点，融入课程思政内容，利用 Python 程序来分析中国“四大名著”中主要人物的出场次数。通过学习，学生不仅掌握了知识，同时对中国传统文化也有了更深的了解，提高学生热爱中华传统文化的兴趣。

采用的教学方法主要有教师讲授、翻转课堂、小组讨论等。

教学过程如下：

1. 教学初始阶段

教师讲解相应的学科知识点，包括程序设计高级语言、Python 语言介绍等，然后提问：大家都看过中国四大名著吗？大部分学生都回答看过，接下来教师对中华传统四大名著进行介绍，也可以让几个学生对四大名著进行介绍。然后教师提出问题：《三国演义》是一本鸿篇巨著，里面出现几百个各具特色的人物，那么这些人物谁出场次数最多呢？学生的答案各不相同，教师继续提问：能不能用 Python 来解决这个问题？

2. 课中教学阶段

教师演示讲解，搭建 Python 编程环境，安装第三方库，逐步讲解第三方库 jieba、wordcloud 的功能、安装知识和代码设计过程，编写程序统计名著《三国演义》中人物的出场次数，并演示运行。

3. 任务阶段

这个阶段学生分成几个小组，每个小组 3 ～ 5 人，利用前面所学，完成对其他三部名著的人物出场次数统计，并生成词云图。由于小说中大部分人物都有别称，比如悟空又称为“行者”“齐天大圣”“美猴王”等，需要把这些称呼全归纳到“悟空”，这就要求学生们对名著的内容进行粗略分析，无形中加深了对中华传统文化的了解。

4. 翻转课堂

每个小组上台讲解演示他们的任务完成结果，并阐述统计想法。

5. 评价阶段

教师和其他学生对每个小组的任务结果、表现、思政素养等进行评价，提出意见和建议并打分。

6. 讨论阶段

本阶段学生主要对两个内容进行反思讨论，一是讨论完成任务中遇到的技术难题，阐述解决方案及收获；二是讨论对中华优秀传统文化及古典名著的感悟。

7. 课后作业

教师根据本小节的教学内容，布置课下作业。本次作业是要求学生利用课上所学，对党的二十大报告全文进行词频统计，生成词云图，这样不仅巩固了课上所学，也对时政热点有了深入了解，培养了学生爱党、爱国的情怀。

（三）教学反思

通过本次教学实践，教学目标中的知识目标、能力目标、素质目标和思政目标四维目标基本实现，学生在课堂上表现活跃，互动积极性高，讨论比较深入，课后学生作业完成情况良好，正确率较高。从中也可以看出，学科教学中合理地融入思政内容可以让教学更生动。但怎样在各个知识点都能取得更好的融入效果，以及如何建立更科学的课程思政评价体系，都是今后需要研究和改进的地方。

课程思政在体育拓展训练教学中的实施与探索

完成人：孙安娜　审核人：马凤宝

一、课程基本情况

课程名称：拓展训练

授课对象：大学二年级学生

课程性质：素质基础课

二、课程简介

（一）课程内容

“拓展训练”课程是以身体活动为载体，以团队训练为模式，以互动游戏为内容，以学生主动探索为方法，全面提高学生的身体素质、心理素质和社会适应能力的一门课程。在教学过程中，学生通过不断探索和了解自我，能增进相互交流和沟通，培养团队精神、坚毅性格及社会责任感。

本课程通过在大学二年级体育课中设置相应教学内容，引导学生融入新环境、提高学生思想觉悟。思、德、智勇作为体育拓展训练课程基本框架，以思育体为目标；以德修体为方向；以智勇鉴体为动力，丰富体育拓展训练课程内容。融入“不忘初心，牢记使命”的主题教育，培养学生成为有责任、有担当的新一代国家建设者。拓展训练契合思想政治教育的指导方向，符合素质教育的要求，是实施大学体育课程思政最有效的途径。

（二）课程特点

①用体验赓续红色基因。在战争年代，有太多的英雄故事需要学生了解，其中有的故事家喻户晓，有的故事不为人知，通过拓展项目，寻找更多

与课程契合的红色故事，让学生感同身受，内化于心，更加热爱祖国、敬仰英雄。

②用道理传承革命精神。每一个项目都体现了一个道理，在实践过程中，有的同学手磨破了，有的腿磕到了，这些与革命精神差之万里。通过拓展项目让学生真切地感受到，现在的幸福是有人在为我们负重前行。固化于制地锻炼当代大学生不怕苦、不怕累、不怕牺牲的革命精神。

③用认同付诸实际行动。青年兴则国家兴，青年强则国家强。青年一代有理想、有本领、有担当，国家就有前途，民族就有希望。当代大学生认同即会付诸行动，未来的国家建设需要青年。通过拓展训练，坚定学生思想，使学生外化于行地奋进新征程、建功新时代。

（三）获奖情况

①《工匠精神视域下拓展训练课程思政建设的价值与路径探索——以北京服装学院为例》论文获得北京第三届学校体育科学大会二等奖。

②“赓续红色基因　传承革命精神　共渡英雄之桥”教学案例获得首都高等学校第一届体育课程思政教学案例三等奖。

（四）参考书目

本课程教学中所用参考书为钱永健著的《拓展训练》。

三、课程教学目标

（一）思政目标

“拓展训练”主要以实践为基础，而思政教育则主要以理论为基础。因此，进行拓展训练设计时，以思政教育理念作为指导思想，让思政教育能够渗透“拓展训练”课程的方方面面。例如，融入红色精神、家国情怀（见图 15）开展爱国教育，让学生对先辈们的革命精神和奉献精神进行更加深刻的体会，明确个人和国家的关系，将爱国主义和自身发展之间进行结合，从而确保最终教学效果的实现。

1. 红色精神契合拓展训练项目

红色精神是中国共产党革命精神的象征。每个时代都会面临不同的困境，人在困境面前是要有精神作为支撑的。这就需要学生树立核心价值，确立信仰寄托，寻找精神支柱。而传承红色精神也要与日俱进，当中国在面对新的历史挑战时，红色精神必须升华才更符合时代需求，更有利于传承和发扬。我们不能用因循守旧的方式强化灌输红色精神，而要通过“拓展训练”课程的体验式学习根植红色精神。

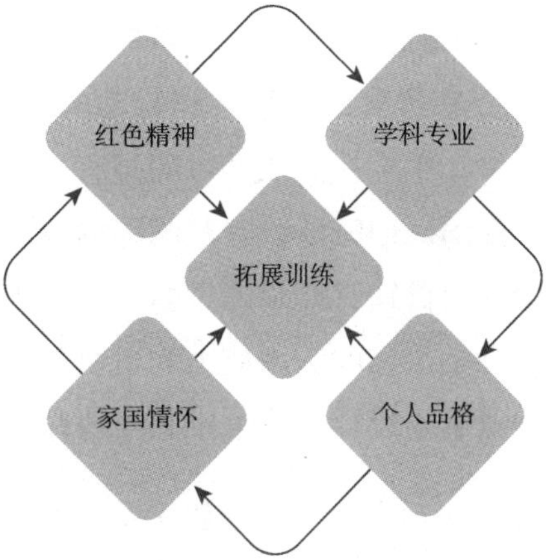

图15　“拓展训练”课程思政设计

体验学习：红色精神是思想政治教育的最佳素材，是引导受教育者实践从品德认知到行为转化这一过程，培养学生的品德践行能力。例如，学习革命英雄主义的观念和思想，模仿《金刚川》中“搭人桥”片段，组织学生进行“水平云梯”拓展训练项目，让学生在团队合作的过程中，对先辈们的艰辛和付出产生更加深刻的理解和体会，实现理念和素质培养的双重目标。

2. 家国情怀嵌入拓展训练项目

培养学生的家国情怀，社会主义核心价值观，民族精神和时代精神。这需要当代大学生把自己的远大理想和抱负同民族伟大复兴的中国梦紧密相连，以赤子之心报效祖国，以聪明才智贡献国家；作为教育者应将党的百年奋斗经验融入课堂，厚植学生的家国情怀。

体验学习：在中国革命的历史中，每一次抉择都面临着极大的危险，和个人的生命、组织的命运息息相关。同舟共济、空中断桥等，可以锻炼身体的应激抗压能力，在困难情境中感受挫折和不放弃，学会正确面对困难和勇于战胜困难的精神，培养面对困难时的大无畏精神，树立“胜不骄、败不馁”的正确胜负观及爱国情怀。

3. 学科专业需求融入拓展训练项目

培养学生求真务实，开拓进取，坚持不懈，创新意识，钻研，毅力，勤奋，诚信等品质。

体验学习：团队学习是为发展团队成员整体搭配与实现共同目标的能力，由团队成员一起了解彼此的感觉和想法，凭着完善的协调一体的感觉，以能发挥综合效率的新方式，来提升团队思考和行动的能力。例如，蛟龙出海、神笔马良、同心鼓等项目，学生在团队学习的过程中能够培养一种习惯和意识：有些问题需要我们在团队中完成，有些问题的解决需要所有成员共同完成；七巧板、沙漠掘金等项目针对商学院学生设计，提升学生对制定团队目标价值的深刻认知，提升学生风险管理能力和危机处理能力；搭书架、扎竹筏等项目针对艺术类专业学生设计，使学生感悟协作中细节的重要性和发现规律的价值。

4. 通过展训练项目引导个人品格

体现在社会道德、个人品质、人文素养、健全的人格、正确的三观等方面。

体验学习：如心肺复苏、户外基础绳结技术等项目。《关于进一步加强和改进新时代学校红十字工作的通知》（中红字〔2020〕24 号）要求，学校应加强健康教育、开展志愿服务、传播人道理念、倡导保护人的生命与尊严的理念，涵养道德品质，引领社会风尚。

（二）教学目标

1. 知识教学目标

培养学生的社会适应性，教育学生树立终身学习的理念，提高学习能力，学会交流沟通和团队协作能力，提高学生的实践能力、创造能力、就业能力和创业能力。

2. 能力培养目标

提高学生的合作、交流、沟通能力，使其不断探索和了解自我，树立自信心。培养学生实操能力、身心协调控制能力、抗压抗挫能力、执行力和领导力，自我激励、自我超越的能力，团队协作能力，坚毅的性格及社会责任感。

四、课程基本内容及要求

结合“拓展训练”每一课的项目，本课程基本内容及要求如表36所示。

表36 “拓展训练”课程基本内容及要求

项目选择	故事引入	体验学习	思政融合	分享评价
水平云梯	了解在抗日战争、解放战争、抗美援朝战争中的几座“人桥”	经过不一样队友搭建的水平云梯前行，用于建立小组成员间的互相信任	热爱国家，缅怀先辈，保护他们用鲜血换来的和平	大家成功达成任务的基础是什么？认识团队中建立信任的重要性
蛟龙出海	蛟龙特战深入维尼亚腹地成功撤侨的故事	小组成员排成“一”字横队，相邻成员间左脚与右脚捆绑在一起，横向移动到达终点	了解为我们负重前行的人及大国之崛起的国际影响力	在走动的过程中遇到了哪些困难，如何解决？谁来指挥，如何选出，效果怎样？最大的困难是什么，怎么克服？
无敌风火轮	设置场景，战场上集体躲避敌人围追堵截逃生	每队用提供的材料，报纸围成一个可以行进的履带式的环，要求本组所有成员在规则要求下走完规定的路程，以最快到达终点的组为优胜	培养学生密切合作、克服困难的团队精神、培养计划、组织、协调能力	小组如何分工？遇到问题如何解决？团队相互信任和理解
旋风跑	“一个都不能少”发生在革命战争年代的真实故事	每组8～12人，成一横队，用双手一同扶着一根又粗又长的竹竿，开展试跑训练，绕标志筒的S变形向跑	顾全大局，牺牲小我，成就集体，不抛弃、不放弃的精神	高效的秘籍，为集体的荣誉而奔跑，在竞争中共同提高

五、课程思政教学设计

（一）教学设计

通过项目选择、故事引入、体验学习、思政融合、分享评价五元素设计拓展训练项目（见图16）。

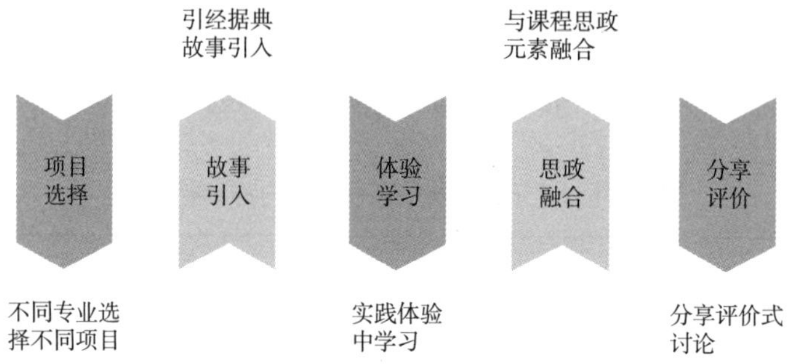

图16　“拓展训练”课程设置五元素

1. 项目选择

拓展训练的具体项目在训练中应用不同的工具，不同的项目对学生的锻炼目的不同是不争的事实。例如，高空项目对学生来说是以锻炼自我的心理适应能力为主；而以地面为主的全体学生参与项目是锻炼团队协作的，也就必然成为课程所偏重的内容选项。

2. 故事引入

学生提前预习，课上一起回顾几段红色“渡桥”故事。教师通过讲英雄故事，展现先辈们大无畏的精神，让学生更加珍惜来之不易的和平年代与幸福生活。

3. 体验学习

两名队员组合在一起成为搭档。给每对搭档发一根木棒，让每对搭档面对面站好，所有搭档肩并肩排成两行，每对搭档握住木棒，木棒与地面平行，其高度介于肩膀和腰部之间，这样整个形成了一个类似水平摆放的木梯的外形。把选好的爬梯者带到云梯的一端，让他从这里开始爬到云梯的另一端。其他所有人都参加搭建云梯。除去攀爬者，假如有多余的人做安全监督者。

4. 思政元素

了解历史，根植红色精神，培养学生的爱国主义情怀。培养全体学生各尽所能，共同努力完成任务的能力。培养团队成员的责任感、自控能力以及勇气。通过红色故事的代入感，让学生了解历史，通过体验式学习，让学生根植红色精神。

5. 分享评价

什么是红色精神？爬梯之前你的感受如何，是否有些担心或者想放弃？爬梯之后又有何感想？你在云梯之上的时候是什么感觉？做梯子的时候你有何感受？你认为大家成功完成任务的基础是什么？

个别学生感悟：

我们在学习这门课程的时候，老师随机组队，因此大家开始是拘谨的。后来，通过“搭人桥”故事完成“水平云梯”项目，让我们对先辈们的革命精神和奉献精神有了更加深刻的体会，让我们小组成员深深地懂得了现在的和平、幸福生活是来之不易的，我们要倍加爱我们的国家、守护好我们的国家、建设好我们的国家。

通过“水平云梯”我们体会了当时的实际情况（当然我们所处的比当时情况简单万倍，都感觉很艰难），深刻地了解和认识到了先辈们的革命精神，让我知道面对严峻的考验时，我们要有担当，这是我们每一个大学生应该具备的，也是我们每一个青年的责任。越是面对这样的困难，我们就越要坚强，要向那些艰苦奋斗、舍己为人的前辈们学习，要有他们那种大无畏的精神，要有使命感。

（二）教学实践

水平云梯（英雄之桥）项目描述：

时间：90 分钟；

人数：每组 20 人；

器材：10 ～ 12 根硬木棒，要求每根长约 1 米，直径 30 ～ 40 毫米。

1. 准备部分

课前一周在线上布置学生搜索“十人桥、火线桥、英雄桥”的故事，每一座“人桥”都是战争胜利关键。让学生了解历史，感同身受，在课堂上能够真切体会什么是革命精神。

整队点名，安排见习生，介绍本次课的内容。

做完准备活动，做两个热身小游戏——斗角力和空中传人，活跃气氛，让学生充分活动开，激发学生的兴趣。

2. 基本部分

项目流程：教师讲解水平云梯规则，由学生完成。要求每两名身高接近的同学组合在一起成为一对搭档，给每对搭档发一根木棒，面对面站好，分别握住木棒的一端，木棒与地面平行，所有搭档肩并肩排成两行组成水平云梯。请单出来的学生第一个爬云梯，其他同学参与搭建云梯，所有学生轮流爬过云梯。老师安排 1 ～ 2 名学生做安全监督员。

项目结束的分享点：通过课前的红色故事，结合自己的体验谈感受。参加之前的感受，是否害怕或者有放弃的打算？参加之后又有什么感想？在自己爬云梯的时候有什么感受？做“梯子”的时候有什么感受？能够成功完成任务的基础是什么？

3. 结束部分

集合放松、整队小结、归还器材、宣布下课。

（三）教学反思

笔者近几年一直在做“拓展训练”的课程建设，2021 年申报了学校课程思政教育教学改革专题项目，现已结项，申报的题目便是《课程思政在体育拓展训练教学中的实施与探索》。本次案例课的效果明显，可以看出学生发自内心地被感动。教师需要反思的是在课程安排、场地使用等细节需要改进之处，制造更加真实的场景，让学生融入、体会，效果会翻倍。

伴随着“五育并举”的指导思想，作为一线体育教师，要充分利用体育教学改善学生的心理健康和社会适应能力，从而增进学生身心健康这一目标出发，引导学生掌握基本的运动技能，学会科学锻炼身体的方法，培养坚持课外锻炼的习惯，增进身体素质、心理健康和社会适应能力等，全面发展。以学生发展为中心，关注每一位学生的健康成长。

“拓展训练”课程根据学生的所学专业及身体适应能力，确定教学目标、安排教学内容，让全体学生都有平等参与的机会。此外，关注学生的需求，重视学生的情感体验，激发学生的学习动机和兴趣，让学生在自主学习过程中学会自我调整与团队融合，让学生享受学习“拓展训练”课程的乐趣与挑战，养成健全的人格。